U0920482

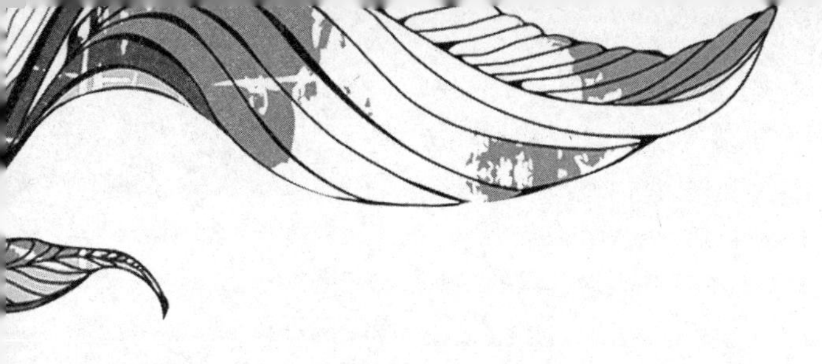

只爱一个人。

ZHIAIYIGEREN

巨英 著

Wuhan University Press
武汉大学出版社

目录

执子之手，与子偕老。
在茫茫人海中，遇到那个对的人，
既已相遇，何忍分离，愿朝朝暮暮永相依。
无论贫苦，无论富贵，
无论健康，无论疾病，
我只爱你一个！
我愿与你携手，愿与你偎依，
愿为你牵挂，愿给你慰藉。
你若不离不弃，我必生死相依。
这是人世间最美的爱情，最美的誓言。

衣带渐宽终不悔 / 065

如果爱是一朵莲花，最苦的，一定是那颗莲心。

世界上最寂寞的是等待，最忧伤的是等待，

最煎熬的是等待，最幸福的也是等待。

相守固然美丽，盼望却是一种凄美。

那样盼望，那样相思，那样孤独。

那月下独酌的身影，那泪珠相伴的青灯，

那随着时光丝丝老去的朱颜，都在吟唱着痴情。

可是，纵然千年等一回，我亦无怨无悔。

因为，你是世界上最值得等待的那个人！

你，是世间我唯一盼望、等待与愿意付出一切的那个人。

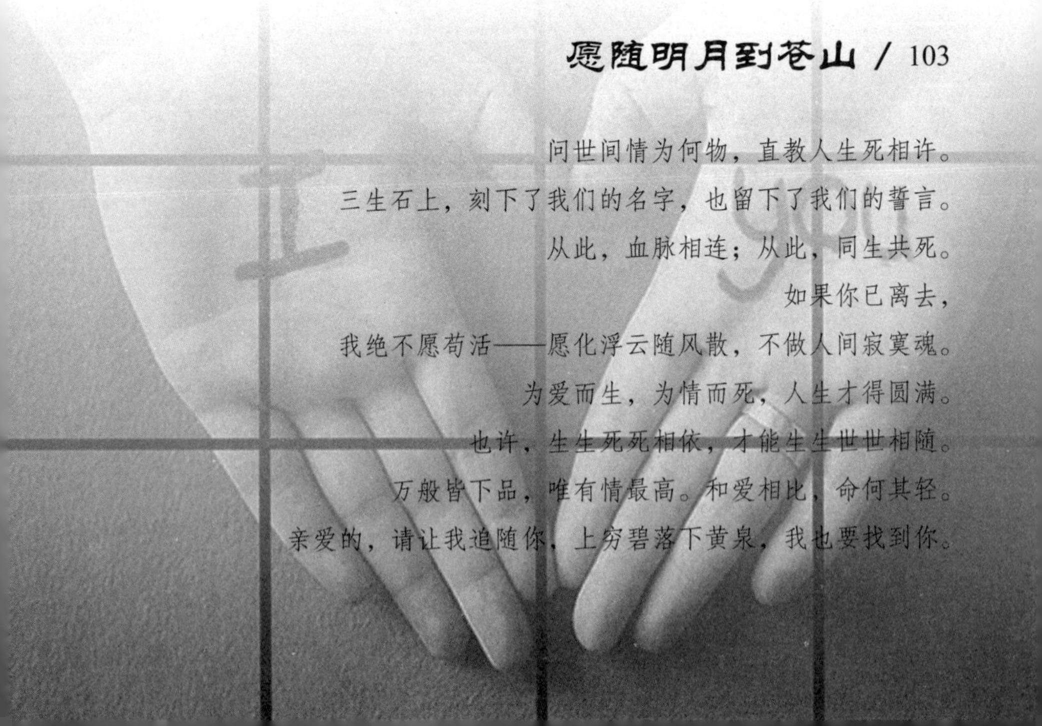

愿随明月到苍山 / 103

问世间情为何物，直教人生死相许。

三生石上，刻下了我们的名字，也留下了我们的誓言。

从此，血脉相连；从此，同生共死。

如果你已离去，

我绝不愿苟活——愿化浮云随风散，不做人间寂寞魂。

为爱而生，为情而死，人生才得圆满。

也许，生生死死相依，才能生生世世相随。

万般皆下品，唯有情最高。和爱相比，命何其轻。

亲爱的，请让我追随你，上穷碧落下黄泉，我也要找到你。

几回魂梦与君同 / 161

在对的时间遇到对的人，是一种圆满；
在错的时间，遇到对的人，是一声叹息。
我们相遇，相爱，却不能相守，就像水中月，
镜中花，可望而不可即。
相濡以沫只是说梦，相亲相爱都是泡影。
只是，亲爱的，我仍会感谢上苍，
感谢上苍曾让你我相逢，相恋。
就算和你分开，我撕心裂肺，痛不欲生。
可你我曾经相爱过，这已足够，我亦满足。

黯然销魂者，唯别而已矣。

分别之后，相思如海。

可等待一万年不算长，如果终于有爱作为补偿。

苦苦的等待，苦苦的盼望，苦苦的坚守，

终于，守得云开见月明；终于，别后再与君重逢。

如果今生还能再见，如果今生还能相爱，

那么，就算是等到白头，等到魂散，

等到海枯石烂，等到沧海桑田，也是值得的。

因为有你，一切都是值得的。

得成比目何辞死

执子之手，与子偕老。
在茫茫人海中，遇到那个对的人，
既已相遇，何忍分离，愿朝朝暮暮永相依。
无论贫苦，无论富贵，
无论健康，无论疾病，
我只爱你一个！
我愿与你携手，愿与你偎依，
愿为你牵挂，愿给你慰藉。
你若不离不弃，我必生死相依。
这是人世间最美的爱情，最美的誓言。

魂离不得空成病

有的人，出现在你的生命中之后，便成了你的魂魄。
他离开了，你便是行尸走肉；
他归来了，你才会变得鲜活。

晁采有多美？曾有个尼姑说她，“不施丹铅，眉目如画，不佩芳芷，而体恒有香，不簪珠翠，而鬟鬓自冶”，她真称得上天生丽质。达官贵人、风流公子无不对她垂涎三尺。

可是，不管是高官厚禄的，还是风流倜傥的，晁采都看不上，她钟情的是邻家公子文茂。她把满腔的真情都给了他。

他们偷偷幽会。“绣房拟会郎，四窗日离离。手自施屏障，恐有女伴窥”，她描绘两个人幽会的情形，是那样大胆。就这么缠绵还不够，她剪下自己的青丝，“侬既剪云鬟，郎亦分丝发。觅向无人处，绾作同心结”。她让文茂也剪下一绺头发，和自己的发丝缠在一起，结成同心结。她恨不得能和文茂天天耳鬓厮磨，可却恨而不能。她又剪下指甲送给情郎，“明窗弄玉指，指甲如水晶。剪之

特寄郎，聊当携手行”，她让文茂想念她的时候，就摸一摸她的指甲。

谁说海水深，不及相思半。眼看着晁采一天天憔悴下去，母亲对侍女再三盘问，侍女才说出了晁采和文茂的私情。晁采的母亲没有恼怒，而是把她嫁给了家境贫寒的文茂。

新婚，他们如“比目之逝青波，文禽之逐绿水”，形影不离，甜蜜无比。

一年后，文茂进京应试，晁采相思成疾，忍不住对自己养的一只白鹤说：“鸿雁能传书，你能吗？”没想到，白鹤真的把这两首诗带到了京城，传给了文茂：

窗前细雨日啾啾，妾在闺中独自愁。
何事玉郎久离别，忘忧总对岂忘忧。

春风送雨过窗东，忽忆良人在客中。
安得妾身今似雨，也随风去与郎同。

该有多么深的想念，才能写出这样的诗句。

文茂虽然没有高中状元，但他开心地回到了晁采身边。她对他的苦念，终于结束。

晁采（生卒年不详），唐代大历年间女诗人，小字试莺。《全唐诗》中收入其作品22首，比著名女诗人李冶的还多6首。其诗风格清新自然，直抒胸臆，表现了少女对爱情的大胆执著，别具一格。

今生爱过即圆满

他曾经风光过，曾经被一个皇帝那样地爱过，宠过，
他曾独自占有这个世界上最尊贵的人的爱。
这一切，不都足够了吗？

如果一个人的记忆足够精彩，那么无论其晚景怎样凄凉，他都是幸福的。

就像邓通。

他虽然家中小富，也长得玉树临风，可无才无路，只能在皇宫中做御船的渡手。

偏偏，皇帝做了一个梦：梦见自己在登天，可是怎么也上不去，正在着急的时候，一个有着美玉容颜的少年出现了，是他推了自己一把，自己才顺利登天。

隔天，皇帝就在自己的御船边，遇见了这个和自己梦中一模一样的少年郎，一问他的名字，“邓通”，这和登天便不谋而合了。

皇帝觉得这一切都是天意，于是将这个俊美少年留在身边，对他宠爱有加，形影相伴，还封他为上大夫，简直是乱了伦理和纲常。一时间，朝野哗然，可皇帝不管。

因了皇帝的宠爱，他亦无止境地回报，用无尽的感恩和爱恋。皇帝病了，背上生了一个脓疮，日夜辗转难眠，他睡在旁边，看得心痛，于是不顾一切，用嘴吮吸出脓疮里面的毒汁，皇帝终于痊愈了。

皇帝感动万分，深情地说道：这个世界上，最爱我的人就是你了。

他说：应该是太子更爱您吧。

皇帝用吮毒来试探心爱的太子，太子露出了为难的神色。皇帝失望地对太子说：你真的没有邓通爱我呀。

因为这件事，皇帝更爱他了。

有个相面先生说邓通将来会饿死。皇帝大怒，将铜山赐给他，准许他制造钱币，这样，他有了用不完的钱，怎么会饿死呢？全天下，他是最富有的人了。

可惜，皇帝46岁的时候就驾崩了。皇帝驾崩前也没忘记他，还告诉女儿千万不能让邓通饿死。

太子即位，嫉恨着他得到的宠爱，便将他所有的钱都没收了，还让他欠下许多债务，就算公主给他多少钱财，都不能抵消。

最后，他就这样饿死了。

邓通（生卒年不详），西汉蜀郡（今四川乐山）人，汉文帝宠臣。

汉文帝刘恒（公元前202年—公元前157年），汉高祖刘邦第四子，汉惠帝刘盈之弟，西汉第五位皇帝，在位23年，享年46岁。其在位时励精图治，造福百姓，使汉朝进入稳定强盛的时期，被奉为贤明帝王的典范。汉文帝与其子汉景帝统治时期被称为“文景之治”，同时他还是《二十四孝》中亲尝汤药的主角。

月明胜雪映梅花

自古以来，大多数的女子都是这样的吧，
如果爱上了一个男人，
不管多么劳累，多么卑微，多么心酸，
都永远跟随着这个男人，为他付出自己的一生。

董小宛，本是绣庄娇生惯养的千金小姐，饱读诗书，清秀伶俐，却因为父亲暴亡，家道中落，而被迫来到秦淮河卖艺。

她气质脱俗，高雅无双，让众寻芳者趋之若鹜，可她却不愿卖身。为了赚够母亲的医药钱，她只陪客人游玩、吟诗。

冒辟疆，一个官宦子弟，“明末四公子”之一。29岁的时候，他来到金陵考试，听说了董小宛的芳名，于是前来拜访。他们竟一见钟情了。

只是，冒辟疆因为落第而心烦意乱，不愿意为董小宛赎身。最终由冒辟疆的好友钱谦益出面将董小宛赎为良人。董小宛终于可以跟着心爱的冒辟疆回到他的家乡了。

但董小宛没想到，冒辟疆在家乡还有原配，还有两男一女三个孩子。

秀美柔弱的董小宛没有说一个“不”字。冒辟疆的原配体弱多病，董小宛便接过她持家的担子，照顾公婆以及三个孩子，自此长裙当垆笑，为君洗手作羹汤。

董小宛真的是个聪颖伶俐的女子，不光精通琴棋书画，会吟风弄月，还烧得一手好饭菜，她发明的过油肉被称为“董肉”，与“东坡肉”齐名；她发明的糖被称为“董糖”，一直到现在，人们还在用她当年的制作方法。

她对冒家的孩子如同己出，教他们诗文、习字，孩子们非常喜欢她。

可这种平静的生活只过了一年。李自成攻占了北京，整个国家燃起了熊熊战火，冒家上下老小连夜逃了出来，家产丢失得一干二净。出逃的时候，冒辟疆一手扶着自己的原配，一手扶着自己的老妈，董小宛一个人跟在后面，蹒跚而行。冒辟疆不耐烦地催促，你走快点呀！后来，他竟然想要把董小宛托付给自己的朋友，扔下不管。可不管怎样，董小宛都紧紧地跟随着他。

大乱之中，冒辟疆病倒了，疟疾折磨得他一刻也不能安宁。董小宛在他的床边铺了一张破草席，时时刻刻地照顾他，不管白天黑夜，只要他一有动静，董小宛就会立刻爬起来。他冷，她就把他抱在怀中为他取暖；他热，她就用毛巾给他擦身子；他肚子疼，她就给他耐心地按摩……5 个多月的时间里，董小宛从来没有一句怨言。冒辟疆的病情终于好了，而小宛却变得骨瘦如柴。

冒辟疆的身体刚恢复没多久，又大病两场：一次是胃出血，董小宛衣不解带，侍候了他整整 60 个昼夜；一次是他背上长了疖子，根本无法正常睡觉，于是董小宛一夜一夜地坐着，让冒辟疆躺在自己身上，避开那个疖子，就这样，她整整坐了 100 个夜晚。

冒辟疆终于摆脱了病魔，可董小宛却因为过度劳累，病入膏肓，最后宣告不治。

这个无比聪明、无比美丽、像精灵一样的女子，离开人世的时候，年仅 28 岁。一个伶俐、美貌、赢遍天下艳羡的女子，谁能想到，她的结局竟是累死在自己丈夫的病床边。

董小宛（公元 1624 年—1651 年），名白，字小宛，一字青莲，名字因仰慕李白而取。姑苏（今江苏苏州）人，明末“秦淮八艳”之一。又称“针神曲圣”，位列中国古代十大名厨。

冒襄（公元 1611 年—1693 年），字辟疆，号巢民，江苏如皋人，明末清初文学家、书法家，与侯朝宗、方密之、陈贞慧并称为“明末四公子”。《影梅庵忆语》描写了他和董小宛厮守时缠绵爱恋的点点滴滴，是我国语体文字的鼻祖。

有妻如此夫何求

好女人是一所学校。

有些女人就像你生命中的灯塔：

在你迷茫的时候指点你，在你落魄的时候激励你，

在你得意的时候警醒你，在你平淡的时候陪伴你。

不管嬉笑怒骂，她的眼里心里只有你。

他只是一个小吏的儿子，想要奔赴更好的前程，却屡考屡败，每次都铩羽而归。

她看到他的郁闷，遂奉诗一首：

良人的的有奇才，何事年年被放回？
如今妾面羞君面，君到来时近夜来。

她先肯定了他，说他有奇才，却又问他为何年年落第，最后让他如果回来的话，就到夜里再回，省得颜面无光。

她的诗激励了他，不久，他真的高中了。一时间，长安满城一

夜花。他坠入富贵梦中、温柔乡里，忘乎所以。她又写诗给他：

长安此去无多地，郁郁葱葱佳气浮。
良人得意正年少，今夜醉眠何处楼？

他正要跟诗友去眠花宿柳，但看到此诗，那些念头立刻就烟消云散了。

他梦寐以求的事情得以成真，他走马上任了。她依依不舍，写下了：

君从淮海游，再过杜兰秋。归来不须臾，又欲向梁州。梁州秦岭西，栈道与云齐。羌虏万余落，戟矛自高低。已念寡俦侣，复虑劳攀跻。丈夫重志气，女儿空悲啼。临邛滞游地，肯顾浊水泥。人生赋命有厚薄，君自遨游我寂寞。

那样的缠绵悱恻，依依难舍，令人望而生泪。可是，她又那样大度，为了他的前程，愿意牺牲自己的幸福。

后来，两人恩爱无比。每年端午，她都会采一些合欢花，晒干后藏在枕头里。每当他郁郁之时，她便将合欢花干从枕头中取出一些，放入酒杯之中。待他喝过之后，立刻神清气爽，兴致欢然。她总有办法让他开心。

他最后做官做到了工部尚书，可他一直守着她，没有任何绯闻，也没有纳妾储姬。

杜羔（生卒年不详），洹水（今河南安阳）人，唐代贞元年间

进士。他曾任万年令、户部郎中、谏议大夫、振武节度使、工部尚书等职。

千古痴情一壶醋

> 有几个人有房玄龄夫人这样为爱赴死的勇气？
> 为忠贞而死，为唯一而死，而且绝不犹豫。

初时，他们琴瑟相和，相敬如宾。虽然，他只是一个小小的官员，没有什么权势，也没有多少银钱，可布衣菜饭，可乐终身。她的幸福，写在脸上，甜在心里。

他忽然生了一场大病，几欲死去。他握着她的手说：等我死了，你一定要再找一个好人，和和美美地过完一辈子。她还年轻，该有新的生活。他不想拖累她。

她涕泪俱下，悄悄地起身走了。

回来时，他看到她的一双美目，赫然只剩一只。她再也不是美女，面目狰狞，谁还会要她呢？

她说：毁了容颜，我就再也嫁不出去了。我永远只有你一个夫

婿，不管你是生，是死。

她用这种决绝，让他死了心，让病重无望的他有了希望。

他无语凝噎。

后来，他重整旗鼓，因为有她的坚定，她的贤淑，她的爱意，他不断前进，上升，终于，成了唐朝的开国宰相，飞黄腾达，富贵无边。他周围的高官，个个都娶了如花美眷，身边莺声燕语，只有他，守着容颜已经凋零的她，依然恩爱，从未留恋花丛，甚至，连心思都不动。因为，在他眼里，她就是最美的那一朵。

皇帝李世民宠爱他，心疼他随自己出生入死，却一直守着一个残花败柳的妻子，于是将两名绝色女子赐予他。他却婉言谢绝了。李世民问他原因，他说：我家老婆不让纳妾。

皇帝龙颜大怒，命人宣她上殿。没想到，她竟抗旨不遵，只是说：他不能纳妾。

皇帝赐给她一壶毒酒，说：你要么让他纳妾，要么喝毒酒而死。

宁可玉碎，不能瓦全。她是专一执著的女子，她不要成为他的几分之一。如果一定要，那么，她宁可选择离开。

她毫不犹豫，一仰脖，喝下满满一壶毒酒。

可是，她并没有死。因为皇帝只是给了她一壶醋。

“吃醋”由此成了“嫉妒”的代名词，而房玄龄的夫人卢氏，也因此成为千古趣谈。

房玄龄（公元579年—648年），名乔，字玄龄，唐代齐州（今山东济南）人，18岁考中进士。他是唐代著名良相、杰出谋臣，大唐“贞观之治”的主要缔造者之一。李世民称赞他有“筹谋帷幄，定社稷之功”。后世以他和杜如晦为良相的典范，合称“房谋杜断”。

此花开尽更无花

同是天涯沦落人，无限江山无限缘。

这一切，都是天意吧。

只那一眼，她就认定了他，

跟定了他，爱定了他，至死不再改变。

他虽然是刺史的儿子，可父母早早就不在人世。3岁时，他就成了孤儿，经历了人世间的辛酸苦辣。18岁，他参加了军队，可因为年轻气盛，杀死了横行霸道的屠夫，而成了逃犯。

她，是后宫放出的嫔妃。她的家族庞大有势，组织了浩浩荡荡的队伍在黄河彼岸迎接她。

因为大雨，她无法渡过黄河回家，被困在一个客栈中，而在大雨倾盆中，她看到他走了进来。

同是天涯沦落人，无限江山无限缘。这一切，都是天意吧。只那一眼，她就认定了他。

她走进他的房间，和他促膝而谈，大胆地告诉他，他就是她要找的人，也告诉他，这乱世，正是英雄建功立业的好时机。而她，就要帮他成为一个真正的英雄。

他有些愕然，也有些退缩。一个颠沛流离的逃犯，能给这个如花似玉的姑娘什么呢？他们的身份，实在悬殊。

她的家人，也集体反对。她至少做过皇帝的妃子，又是豪门后代，再怎么也得嫁个封疆大臣吧！

可她意已定，心已决。她把从宫中带出的珠宝分成两份，一份给了家人，一份留给了他和自己。

他们在洛阳租了一个小院子，每天，她让他习武，教他看书，给他讲许多处世之道、用兵之法。他终于不再鲁莽，不再浮躁，渐渐成熟、稳重、睿智、体恤下属、知人善用。

她鼓励他重上战场。果然，他很快脱颖而出，屡立战功，被委以重任。

经年，他终于赢得胜利，黄袍加身。可此时，她在小院中，香魂已去成枯骨。

无数大臣让他广招嫔妃，选其惠者为后。他却坚决地说：只有她才能做皇后，虽然她死了，但她永远都是我的皇后。

于是，她被封为圣穆皇后。此后永远没有一个女人，成为他的皇后。

他做了皇帝，一切都像她希望的那样，他生活节俭，平易近人，虚心接受谏言，减轻人民赋税，连他死后都不允许厚葬。他是爱民如子的好皇帝。这些，都是她教给他的。

他收养了她的侄子，并立为太子。

他说，没有柴皇后，就没有我郭威。

不是花中偏爱菊，此花开尽更无花。多少女人为男人付出了一切，可有多少女人，能得到这无上光荣的一句肯定。

郭威（公元904年—954年），邢州尧山（今邢台市隆尧县西）人，五代后周王朝的建立者，即后周太祖。他出身平民，是一位历史上公认的清廉勤政的好皇帝，是五代时期军人专权的代表人物。

柴皇后：圣穆皇后，后周太祖郭威的结发妻子。

孤峰只在有无间

谁能说这不是最好的幸福呢？
有旖旎的风景可以悦目一时，
有相爱的人可以携手一生，
此生足矣。

十三四岁，她便在嘉兴声名远播，人人说她冰雪聪明，俊俏伶俐。10岁时，家人给她定下娃娃亲，他们从小就在一起玩耍，两小无猜。只要等到适合年龄，便可花好月圆。

岂料，战火蔓延，民不聊生。儒士之家，更显清贫。她的姐姐为了生计，远嫁他乡，而他家更是贫困交加，连一日三餐都难以为继，更别提下聘礼，娶媳妇。他羞愧难当，只好离开家乡，躲避这种尴尬。

一家有女百家求，何况，她是如此的窈窕淑女。父亲看其中有才貌家境都非常了得之人，非常动心，而她却坚决不允，说：我已心系于他，绝不另嫁他人。

他听说了这件事，心中万分歉疚，于是立刻打道回府，和她成亲。

没有红烛高照，没有高朋满座，没有丰厚诱人的聘礼和流光溢彩的嫁妆，他们就这样入了洞房。在他们眼里，两情相悦，比什么都重要。婚后，他放下读书人的架子，做起了贩卖畚箕的小生意，他们相亲相爱，倒也怡然自得。

后来，生意难以为继，她便和夫君商量着，到杭州卖字画。起先，他不同意她在外抛头露面，可实在想不出别的办法，只好允了。

虽然不施粉黛，可在西湖边上卖画的她，依然明眸如水，双眉如黛，美似湖中亭亭的荷花。一些孟浪之徒、狂蜂浪蝶，不免前来骚扰纠缠，可她不卑不亢，不温不火，于不动声色中，将那些人一一打发。

日子久了，她渐渐有了一些名气。钱谦益的爱妾柳如是亦成了她的密友。柳如是总在绛云楼里会客宴宾，名流雅士，济济一堂，柳如是建议她不如陪那些文人名士唱诗吟对，这样就可以讨些赏钱，生活无忧，可她断然拒绝了。她虽然和名门贵族交往，但决然不肯出卖自己，做个诗妓，卖笑养家。她爱自己的夫婿，也永远遵守自己的承诺。

她依然在西湖的湖光山色中卖画，和他过着清贫却相爱的生活。钱谦益说她："媛介虽穷，清诗丽画，点染秀山媚水之间，未尝不是一件乐事呀！"她听说之后，立刻赋诗一首，表达对钱谦益的感谢：

懒登高阁望青山，愧我年来学闭关。

淡墨遥传缥缈意，孤峰只在有无间。

这个名叫黄媛介的美才女，就这样平平淡淡、清贫地和她的夫婿度过了一生。

黄媛介（生卒年不详），字皆令，嘉兴人，明末女画家、诗人，工诗赋，又善画山水，艺术作品遗存到现代的有《流虹桥遗事图》。

唯有爱卿惹相思

李世民就是这样爱着长孙皇后——

爱到失态，爱到失控，

爱到忘记了自己的身份，忘记了皇室的规矩。

她13岁的时候嫁给17岁的他。他们鹣鲽情深。后来，他做了皇帝，她成了皇后。她简朴、好学，胸怀大度。

他们的感情非常深厚，他每天下朝回到她身边，都会给她说各

种国家大事。而她却说，我是妇道人家，不能插手国家大事。他不管，继续说，她就永远保持沉默。

因为对她的宠爱，他想给她的亲朋加官晋爵，却被她拒绝了。她说，他们并没有对国家做出什么贡献。

有一段时间他病了，她把毒药缠在腰间，打算只要他有不测，立刻追随他而去。

因为操劳过度，她重病缠身，似乎没有好起来的希望，她的儿子告诉她，可以通过大赦天下来给她祈福。她却教训儿子说，大赦天下是国家的大事，怎么能因为我一个妇道人家乱了天下之法！他听了之后，感动得痛哭流涕。

她是那样贤德，那样深明大义，就连临薨之时，也告诉他说，不要厚葬，不要让家族成员担任朝廷要职。

虽然他万般不舍，可她还是一缕香魂幽幽去。那一年，她只有35岁。

她下葬之后，他让人在她的陵墓旁修了房子，以前的宫女，依然在那里侍候她，似乎她依然活在世间。他在宫中，修了高台，每日站在台上眺望“她”。几个月内，他都心虑恍惚，当食忘味，中宵废寝。在那个夫不祭妻的年代，作为九五之尊，可见他对她是多么的一往情深。他把自己的痛苦在朝上告诉了大臣，说道：我也知道作为皇帝，这个样子定会遭人耻笑，可我实在是情不自禁呀。

她为他生下了7个子女，他为了聊解相思，就把没有成年的两个子女接到自己身边，亲自抚养，这样的行为，可以说是自古唯一。虽然他有后宫佳丽三千，可却再也没有一个人得到过他的恩宠，未能生下一男半女。他批阅奏章的时候，把她的女儿晋阳公主抱在膝盖上，那时候，孩子只有一岁多。可惜，晋阳公主12岁就死了，他哭了一个多月，一天要哭泣十几回，悲伤之情无法阻挡。

他带着大臣们去扫墓，看到她的墓地，顿时泪如雨下。他对丞相魏征说道，皇后走了，我以后可怎么办啊？魏征说，陛下扫墓不先祭奠先祖，却先哭自己的妻子，这成何体统啊？可是，他就是情不自禁。

他把她的儿子立为太子，请了许多老师专门教导太子。就算是这样，他仍然不放心，吩咐太子住在自己寝宫的侧殿，并每天手把手地教太子怎么做皇帝。

后来，他临幸了妃子徐惠，并非常宠爱，但也是因为徐惠模样长得像她，为人处世也非常像她。他不断地提升徐惠的位置，但皇后的位置，永远空着。

他死之后，和她葬在了一起。因为他对她许诺过，他们一定要死而同穴。

李世民（公元599年—649年），汉族，陇西成纪（今甘肃天水）人，唐朝第二位皇帝，政治家、军事家、书法家、诗人。他平定乱世，开疆扩土，文治天下，文韬武略，开创了历史上著名的“贞观之治”，为后来实现“开元盛世”奠定了重要的基础，将中国传统农业社会推向鼎盛时期。人称千古一帝，一代明君。

长孙皇后（公元601年—636年），唐高宗之母，谥号文德皇后。长安人，祖先为北魏拓跋氏，隋右骁卫将军长孙晟之女。她爱好读书，通达礼仪，13岁时嫁给李世民为妻。她善于借古喻今，匡正李世民为政的失误，并保护忠正得力的大臣。

莫道美人不销魂

有时候，有些背叛不是背叛，
而是更高形式的忠贞，
是爱的另一种表达方式。

有些人，你还没见到他（她），可你已经深深地爱上了他（她）。

赵明诚就是这样。他读过李清照的词，为她深深折腰。她是沉醉不知归路的调皮女子，她是绿肥红瘦的窈窕佳人。赏灯会上，他见到了朱门小桥边冰清玉洁的她，就这样，深深地坠入了情网。

李清照的父亲是礼部侍郎，赵明诚的父亲官至宰相。他和她，年龄相仿，情趣相投，仿佛老天让他们来到世间，就是为了遇到对方。

他 20 岁的那年，两人结婚了。婚后，一切都是那样完美。他们吟诗，收藏，还编了一本《金石录》。每天晚上，他们秉上红烛，开始工作：鉴定那些书画文物；整理书籍，两个人还常常竞赛，比如说出某书某页某行的内容，如果谁说错了，就给对方煮茶，然后毕恭毕敬地献给对方，偶尔，也会淘气一下，把茶水倒在对方的怀里。

可是北宋皇朝已经濒临末日，金兵攻入汴梁，他们只能从山东逃到金陵，不幸赵明诚不久就因病去世了。直至那一年，他们已经相守近 30 年。

李清照伤心欲绝，恨不得随赵明诚而去。可是，她的手中，有许多古董，那是赵明诚一生的心血，她不忍心看着它们白白落入敌人之手，更不忍心看着它们毁于一旦。

于是，她带着那些古董，辗转流浪，四处躲藏。

这时，李清照遇见了张汝舟。他对她大献殷勤，后来，不食人间烟火的她竟然嫁给了他。

这一切，引起了轩然大波。人们顿时对她鄙夷、唾弃、谩骂。那个年代，都说好女不侍二夫，何况，赵明诚那么优秀，那么有才华，和她伉俪情深，而张汝舟，只是一个粗鄙的小官。可她毫不犹豫。

3 个月后，她却忽然提出离婚，并把他告到了官府。在那个年代，一个女人再嫁，就已经名声扫地了，而她，竟然还主动要求离婚。

这时候，一切才真相大白。

她嫁给张汝舟，其实只是想要保护赵明诚留下来的那些古董。而张汝舟娶她，也是想侵占这些古董。她不给他，他就骂她，打她，甚至，想要把已经年老色衰的她置之死地。

她毫不犹豫地反抗了。不顾颜面，不顾舆论，不顾一切，冒天下之大不韪。

后来，她守着那些他留下的东西，直到花甲之年，直到死去。

李清照（公元 1084 年—1155 年），今山东省济南章丘人，号易安居士，宋代女词人，婉约词派代表，被称为“千古第一才女”。

赵明诚（公元 1081 年—1129 年），字德甫（或德父），密州诸城（今山东诸城龙都街道）人，宋徽宗宰相赵挺之第三子，北宋著名金石学家、文物收藏鉴赏大家及古文字研究家。

举案齐眉两相倚

> 梁鸿每天白米，妻子孟光每天洗刷衣裳。
> 吃饭的时候，孟光把饭菜放在一个托盘里，
> 举到眉毛之上递给梁鸿。
> 相敬如宾，我的眼里只有你。

他——梁鸿，曾是官宦人家的子弟，却因为家道中落，父亲暴亡而成为孤儿。他靠放猪为生，却因为做饭时看书太投入，不小心

失火，烧毁了邻人的房屋。他一一登门谢罪，并表示无钱赔偿，愿意一直给受害邻居干活，直到和需要赔偿的钱数抵消。

他的美名顿时流传开来，人们见到他，都会尊称一声“先生”。

她——孟光，长相丑恶，皮肤黧黑，眼睛细小，可品行如明月，高洁如霜菊。许多人登门求婚，她不允，一直到30岁，仍然待字闺中。别人问她，你究竟想要个什么样的？

她说，我非梁鸿那样的不嫁。

他听说了这个冰雪般女子的故事，于是登门求亲，与她结为秦晋之好。

她嫁来的那一天，珠光宝气，凤冠霞帔，好不光彩照人。他却悄悄走回屋子，一连七天都没理她。

第七天，她忍不住问他，你为什么不理我，是因为我的长相太丑吗？

他说：我原本以为我娶的是个不慕虚荣、生性高洁的女子，没想到，你却是这样浮华奢侈！

她笑了，脱下华服，换上布衣，说道：我只是试探你一下罢了。

他们生活一段时间之后，就跑到霸陵山中隐居。在乱石之中，搭了一个茅草棚，两人每天耕种、缝补，其乐融融。

可慢慢地，慕名来拜访他们的人越来越多，于是，夫妻俩只好向东更偏僻的地方搬去。

梁鸿作了一首诗，得罪了皇帝，皇帝差人追杀他们，梁鸿带着

孟光逃到了江苏的一个地方，在一个叫皋伯通的人家中打工。梁鸿每天臼米，妻子孟光每天洗刷衣裳。吃饭的时候，孟光把饭菜放在一个托盘里，举到眉毛之上递给梁鸿。

这一幕被皋伯通看到了，他立刻感觉到，这夫妻俩并不是一般人，于是，将他们尊为上宾，让他们永久地住下去。

皇帝经过一段时间之后，也想明白了，觉得梁鸿是一个有才之人，于是命令各地寻找梁鸿，想要给他加官晋爵。

梁鸿和孟光双双拒绝了。他们一直生活在皋伯通的家中，直到梁鸿重病离世。之后，孟光带着孩子回到了老家扶风，从此，她再也没有嫁过人。

梁鸿和孟光举案齐眉的故事，就这样成了人间无数夫妇羡慕和效仿的榜样。

梁鸿（生卒年不详），字伯鸾，扶风平陵人，东汉贤士。

孟光（生卒年不详），梁鸿之妻，“中国古代四大丑女”之一。

有目无目皆为妻

就算她眼睛看不见，他也依然爱她。
因为，她是他的妻子。
妻子，这个温暖的称呼，
在刘庭式的生命里，他只给一个人。

他是个再普通不过的秀才，与同自己年龄相仿的同乡女子订了婚。

5 年后，他登科做官，而她却不幸因失去父亲悲痛过度而双目失明。那时，女方家道中落，加上还没有过门，女方家便不敢再提完婚的事情。而女子也以为，他一定会抛弃自己，重找貌美如花的健康女子了。

人人都劝他，你现在高官厚禄，怎么能娶双目失明的女子呢？不如娶她美貌的妹妹。

他说，那怎么可以呢？当初，我把心给了她，就不能再给别人。

他义无反顾地娶了她，和她生儿育女，恩爱有加。就算是在家里，他也牵引着她走路，生怕她磕到，绊倒。

她在他的呵护下，度过了幸福的一生。后来，她走了，他悲痛不已，再也没有娶妻。

他在苏轼府中任职时，一天，苏轼问他：悲伤是因为爱，爱是因为美丽，你娶了她，她是个盲女，这只是一种道义罢了。你的爱从哪里来呢？她死了，你的悲伤又从哪里来呢？

他说：我只知道，我妻子死了。她眼睛看得见，是我的妻子；眼睛看不见，也是我的妻子。如果像你说的那样，因为美貌所以才爱她，因为爱她才悲伤，美貌减少了，爱也就少了，悲伤也就少了。难道世间所有漂亮的女子，都可以做妻子吗？

这一番话，让苏轼无话可说。

他就这样守着自己对盲妻的爱，一直到自己死去，也没有改变。老年的时候，他隐居在庐山之上，直至死去。

他，就是刘庭式。

刘庭式（生卒年不详），字得之，宋朝齐州人，举进士。

千秋犹记再生恩

他们虽然是帝王皇后，可他们的情感，

和任何一对相濡以沫、忠贞不渝的伉俪，没有区别。

他曾是沿门乞讨的小和尚，后来成为她义父帐下的小卒。她的义父看出他非凡过人，于是将她许配给他。那一年，他 25 岁，她 20 岁，正是最美好的桃李年华。

她有一双大足，温柔贤惠，端庄秀丽，对他无比体贴。当她的义父有些猜忌他时，她花掉自己所有的积蓄，讨好义母，好不容易消除了义父对他的误会。他被关了起来，她怕他没饭吃，把刚出笼的馒头藏进衣服里送给他，胸脯却被烫伤了。后来，他对群臣说，她送的这些，是芜蒌豆粥，滹沱麦饭。

他整天南征北战，可粮食少得可怜，她把粮食都留给他，自己却忍饥挨饿。有一回，他和敌人对垒，被敌人击中了，她背起他就跑，一直跑了好几里路。他在前方打仗，她就在后方做鞋做衣服；他打了胜仗，她马上拿出家中的财物犒劳将士。

他40岁的时候做了皇帝，自然地，她被封为皇后，可她依然每天亲自料理他的衣食住行。别人劝她不要那么劳累，她说，这是做妻子的本分。在他面前，她仍是个普通的妻子。

当上皇后的她保持节俭，从不铺张浪费，并且每天都叫女官教自己读书，了解历代名女的事迹，以此来要求自己。

她从来不参与朝政，却会默默地做一些安定朝廷和民心的事情。她不让他滥杀无辜，让他善待大臣，在饥荒时节赈灾于民，对下人礼遇以待，因此她受到了百姓们的喜爱。

他感激她所做的一切，想给她的亲人加官晋爵，但被她拒绝了。她说，封外戚容易乱政，不是好事。他只好加封她早已逝去的父亲为王。

后来，她得了重病，眼看不久于人世，她却不准他叫太医医治自己。因为她知道他脾气暴躁，如果她吃了药而没有好转，他定会杀死那些太医。就这样，不久之后，她就薨了，时年51岁。

他曾经把她比作唐太宗的长孙皇后，她薨后，他赐给她明代皇后最长的谥词：孝慈贞化哲惠仁徽成天毓圣至德高皇后。也只有她，唯有她，才配得起。

他再也没有册封过皇后，在他心目中，她才是他永远的、唯一的皇后。朱元璋与马皇后，他们虽然是帝王皇后，可他们的情感，和任何一对相濡以沫的伉俪，没有区别。

明太祖孝慈高皇后马氏（公元1332年—1382年），安徽宿州人，明太祖朱元璋结发之妻。

朱元璋（公元1328年—1398年），中国明朝的开国皇帝，初名重八，字国瑞，生于盱眙太平乡（今安徽省凤阳县）。他出身平民，俗称洪武帝、朱洪武，庙号太祖，其统治时期被称为“洪武之治”。

美人虽死犹诱惑

慕容熙，他根本不是个好皇帝，也不是个好情人，甚至是个负心汉。

可对于苻皇后，他却是天下最痴情的男儿。

他因她失去了江山，没有了尊严。

他爱她丧失了一切原则，

爱一个人，要到什么程度，才会跟一具尸体交合呢？

他年轻、多情而俊秀，与太后私通，后来成了君临天下的皇帝。

本来，他依然会是太后的面首，只是，他遇到了她。

她和姐姐入得宫中，艳压群芳。他封她为皇后，对她百依百顺，万千宠爱于一身，仿佛世界上只有她一个女人。

他为她大兴土木，特意从很远的地方挑土而来，到最后，土比

谷子还贵。他还要把河水引入宫苑中，为此一次就征集了几万劳工。正值三伏天，中暑而死的人不计其数。

她喜欢到处游玩，他陪着她，北登白鹿山，东过青岭，南临沧海，士兵们被冻死、被虎狼所食者超过 5000 人。她喜欢美食，季夏思冻鱼脍，仲冬须生地黄，吃的全都是反季节食品，而他下令手下去办，直言“办不到者，格杀勿论”。

他一刻也离不开她。不管到了哪里，他都带着她，连行军打仗都带着她。为了跟她坐在同一辆马车上，他甚至不惜改变作战方案。在攻打契丹的时候，将帅发现对方实力雄厚无法攻守，本来立刻撤退就没事了。可因为她没过足打仗的瘾，而不依不饶，他就让部队绕行了三千里，去攻打对方，结果，无数士兵被冻死，被饿死，悲惨之至。

不管他怎么宠爱她，不顾一切地怜惜她，可她还是早早就去世了。他悲痛欲绝，就像死了父母一样，抱着她的尸体号啕大哭，最后竟然昏死过去，很久才醒过来。

她入殓之时，他还想看她一眼，便命令打开棺木。她依然如生前那样楚楚动人，他拥抱着她，抚摸着她，亲吻着她，最后，他竟忍不住再一次恩泽于她！这真是前无古人，后无来者！

他下令所有的官员都要痛哭流涕，没有流泪的，便要被砍杀。无奈，官员们只好给眼中抹上辛辣之物，才算过关。他倾尽国库，为她修造陵墓。送葬之时，他披散着头发，光着脚丫，悲痛欲绝地跟着灵柩，走了 20 多里路，一点儿也没有皇帝的尊严。他给她做的丧车太高大了，根本无法出城，于是，他下令拆掉了城门。

老百姓说:“连城门都不要了，怎么能不亡国呢？”

果然，在他送葬之际，大臣们发动了政变。当他回来的时候，江山已倒，后燕灭亡，而他，落得了一个被处死的下场。死时，他只有 23 岁。

慕容熙（公元 385 年—407 年），字道文，一字长生，十六国时期后燕国君主，鲜卑人，后燕帝慕容垂幼子，是后燕的第四个皇帝。

谁道俊美不痴情

玉树临风、才高八斗、痴情专一，

很难有人能把这些人间最美好的东西集于一身，而潘安做到了。

所以，不管他后来在政治上犯了怎样的滔天罪行，

他都是一个最好、最好的男人。

没有几个人不知道他的名字——潘安。

西晋时，他是令所有少女迷醉和追随的美男子。每当他出门的时候，女子们看见他坐的车，就会一直跟着他看他，甚至为了表达自己的深情，她们会把手中的鲜花、蔬果投到潘安的车上。因此，

潘安每次回到家，都是满载而归，这就是掷果盈车的典故。人们都叫他“河阳一枝花”。

这个眉目如画的男子，12 岁时就能写下优美而令人称绝的文章，被称为“奇童”。也是在那一年，潘安和杨氏定了亲。杨氏出身名门望族，且美丽动人。

潘安二十出头的时候，因为写的文章太美，遭到了满朝文武的排挤。后来，皇帝命他 10 年不能做官。

潘安和杨氏生活了 20 年，恩爱无比。可惜，在他 32 岁的时候，杨氏忽然得病离世了。一夜之间，潘安的头发全白了。

他躲在家里，整整一年没有出门，为妻子服丧。

一年后，朝廷任命潘安去做官，他这才脱掉了丧服。可他依然舍不得妻子，于是，他写下了 3 首悼亡诗，以怀念自己的妻子。他说，“如彼游川鱼，比目中路析”，他把自己形容成失去配偶的比目鱼；他写“床空委清尘，室虚来悲风”，一个因丧妻而悲伤、难过、孤独的男子跃然纸上，无比凄凉。

在那时，妇女的地位极低，几乎没有谁能给一个死去的女人写诗，而且这么深情，而潘安做到了。他是一个开了先河的人。

潘安怀着满腹的忧伤去做了河阳县令。杨氏生前最喜欢桃花，于是，他带着全县人栽种桃树。老百姓因为桃树而富裕，而他因为看到满城的桃花，而略解了相思。

喜欢潘安的女子车载斗量，可是潘安再也没有婚娶过，再也没有爱过任何一个女人。

潘安（公元247年—300年），字安仁，西晋文学家，河南荥阳人，“姿容既好，神情亦佳”，是美男子的代称。同时他是西晋文学的代表人物，与石崇、陆机、刘琨、左思并称为“贾谧二十四友”。

醒看泪雨犹沾枕

3年后，他离开了这个世界。
他离开的时候，一定是微笑着的吧。
因为，他终于可以见到那个和他结发21年，
让他爱，让他疼，让他痛，让他欲罢不能，
让他永生难忘的富察氏了。

都说他最风流，最爱拈花惹草，最朝秦暮楚，最得陇望蜀。可他对她，却一生一世地深爱着。

他16岁，她15岁，就洞房花烛了。

世间的花儿有千朵万朵，可她，却是他的第一朵。

她出身高贵，温婉动人，对他既是那样温顺，又不时劝谏，还

不忘小女人的娇态，真正一个完美的妙人儿。他一登基，就迫不及待地让她做了皇后。

他的母后出身平凡，举止粗鲁，她却尽心尽力，每次连穿衣都要亲自服侍；他的妃子，她待如姐妹；他病了，她就住进他的寝宫，昼夜不歇，衣带不解，直到他小恙康复。她是他最贴心的解语花。

她生了儿子，他就立为太子。可惜的是，太子 9 岁的时候夭折了。那时候，她已经 30 多岁，非常悲伤，因为她很难怀孕了。但他每晚都睡在她房里，他要给她一个孩子，给她欢笑，给他们未来。她终于又诞下一个龙子。虽然他已经有了好几个别的妃子生的孩子，可他仍然最宠爱这个孩子，并封为太子。只是苍天残忍，两年后，这个太子又夭折了。

他心疼她，不知道怎样安慰她。可她为了不让他难过，却反过来安慰他。他以为，经历了那么多，她已经够坚强，可谁知，她的心，已破碎如齑粉了。

他带着她东巡到济南，在路上，她忽然病重，撒手人寰。他抱着身体渐凉的她，恨自己贵为天子，却无力回天。

他封闭了她住的长春宫，不允许其他任何嫔妃居住；她用过的物品、衣服，全都按原样摆放。每年的腊月二十五，以及她的忌日，他都要亲临凭吊，这样一直持续了 40 多年，直到他不再是皇帝。

她死后，他的母后又给他立了一个皇后，虽然也端庄清秀，明眸善睐，可他却无法爱上。在她三周年忌日里，他写诗说：

岂必新琴终不及，究输旧剑久相投。

圣湖桃柳方明媚，怪底今朝只益愁。

其意思是说：难道新人真的不如旧人吗？其实只是旧人相投已久。天气是这样明媚，可我为什么这么忧伤呢？

几年后，备受冷落的新皇后终于忍受不了，与他发生了冲突，他果断地将她打入冷宫，从此，再也没有立过皇后。

后来，他三次经过济南城，可一次也没有进去过，因为她就是在这里病倒的，他不忍怀旧，不忍回忆。

待到他 80 岁的时候，他来到她的坟前，赋诗说：

三秋别忽尔，一晌奠酸然。

追忆居中阃，深宜称孝贤。

平生难尽述，百岁妄希延。

夏日冬之夜，远期只廿年。

他只想和她去团圆。

他 85 岁的时候，这个曾经叱咤风云的男人已经无法自己行走了，但仍然要求宫人搀扶着他来到她的墓地，向她诉说着几十年来分别的痛苦。至此，他为她已经写过一百多首诗了。

3 年后，他离开了这个世界。他离开的时候，一定是微笑着的吧。因为，他终于可以见到那个和他结发 21 年，让他爱，让他疼，让他痛，让他欲罢不能，让他永生难忘的富察氏了。

乾隆（公元1711年—1799年），爱新觉罗·弘历，清朝第六位皇帝。25岁登基，在位60年，退位后当了3年太上皇。在位期间他平定叛乱，发展经济，使清朝达到了前所未有的繁荣。

孝贤纯皇后（公元1712年—1748年），富察氏，乾隆帝原配皇后，满洲镶黄旗人，是察哈尔总管李荣保的女儿，保和殿大学士傅恒的姐姐。乾隆曾称赞其“历观古之贤后，盖实无以加兹”。

今生只爱君高洁

有的人，爱荣华富贵；
有的人，爱青春容颜；
有的人，爱呼风唤雨。
唯独黔娄夫人施良娣，
却只爱他高洁的品质，
并至死不渝。

她，是贵族小姐，父亲是受人尊敬的礼官。

而他，是落魄文人，写过4篇《黔娄子》，但上无片瓦，下无良田。

她本可以随便挑一个王公贵族、达官显富，继续顺风顺水、衣食无忧地生活，可她却偏偏看中他，执意要嫁给他。

在战国时期，娘家的富贵显赫不会传给女孩，待她一出嫁，就不会再和家中的荣华富贵有任何关系。可她义无反顾。

从十指不沾阳春水的柔弱千金，她转身成了一个每天忙碌、荷锄织布的农妇，可她毫无怨言。夜晚，他们在茅草棚外仰望星空，一起讨论阴阳相感、天地合一的思想。她启发了他，他修改了自己的著作，从高调不可攀越，到脚踏实地。立刻，他成了炙手可热的人物，鲁国国君要请他做宰相，齐国国君要请他当国卿，鲁国国君还送他三千钟粟米……可他都一一谢绝了。

她当然支持他。她爱的，就是他的高风亮节。不戚戚于贫贱，不汲汲于富贵，有风过林梢，月上蕉窗，那就是他们的幸福。

不久，灾荒来袭，他们生活艰难，但是他们如同涸辙之鲋，相濡以沫，仍然坚持拒绝任何人的馈赠，拒绝任何封官。他们开馆授徒，将自己的思想宣扬给众人。

后来，他去世了。孔子的弟子曾参前来拜祭，看到他躺在破窗之下，盖着一床被子，头脚都露在外面。

曾参对她说，你把被子斜过来，就能盖住他的头和脚了。

她却正色说，斜着有余，不如正着不足。先生一生都是正直的，如果死了反而要斜着，这不是他的志向。

曾参听完，羞愧不已，久久都说不出话来。

后来，她继承他的遗志，继续开馆授徒，继续拒绝功名利禄，直到自己死去。

黔娄（生卒年不详），战国时期鲁国人，齐国有名的隐士和著名的道家学。他曾著书4篇，阐明道家的主旨，尽管家徒四壁，然而却励志苦节，安贫乐道，视荣华富贵如过眼烟云，不参与争名逐利的行列，获得世人极高的评价。

施良娣（生卒年不详），黔娄的夫人。

浮生一梦永铭记

不是每个人都刻骨铭心地爱过，
不是每个人都像沈复和芸娘一样深爱过，
更不是每个人都像沈复一样为芸娘写下一本书，
让她世世代代，在人们的心中美好地活下去。

他们是表兄妹，她比他大10个月。他们青梅竹马，从小耳鬓厮磨。

她聪颖隽秀，无与伦比。4岁时，她的父亲去世了，她靠绣花养大了弟弟。偶然间，她看到了《琵琶行》这首诗，于是就一个字一个字地认了出来。就这样，她自学成才。

他从小就爱她，13 岁时，他就对父母说：如择媳，非淑姊不娶。

新婚之夜，他们比肩调笑。夜半无人私语时，都满足无比。他满腹诗华，她才貌双全，两个人，是真正的珠联璧合。

他们非常相爱，整天在一起吟诗作对，同出同进，形影不离，好得像一个人儿一样。

七月七日，他刻下了“愿生生世世做夫妻”的印章，和她一起，一人拿红章，一人拿黑章，在莲池边发誓“来生还要在一起”。

她在他眼中那么可爱，可却让他的父母心有戚戚。因为，他是个男儿，要求取功名，要翱翔万里，怎么能在一个妇人裙下流连？她和他常常真情流露，不拘小节，为了游玩，她竟然穿上他的衣服，女扮男装和他跑到大街上去。在他的父母看来，她不守妇道，不庄重不淑贤，已经不配再做他们家的媳妇。但其实，她是那样不会逾矩的女子，他给她整衣服，她会连声说“得罪”；他拿东西给她，她一定要站起身来才接过。

他的父母威逼他休妻，他斗争无果，于是带着她走了，告别了父母，告别了安逸的生活。

从此，他们浪迹天涯。他们的生活虽然清苦，却是那样其乐融融。杏花烟雨，流水橹声，他们常常在池塘边喝着荷叶白粥，吟诗作对。她说，我们就在这里盖上茅草棚子，你画画，我绣花，拿去换酒钱，我们布衣桑饭，可乐终生。

可她患了重病，无法再跟他比翼双飞了。她吃斋念佛，每时每刻都在求菩萨，求来生一定要和他再做夫妻。

而她，却依然魂散先春，只剩下他日日生悲。他悲痛难忍，将他们在一起的欢乐时光都记了下来，成就了《浮生六记》。

在《浮生六记》中，他（沈复）写下了和她（陈芸）最美好的点点滴滴。林语堂说过："这世界上最可爱的女子，就是芸娘。"

沈复（公元1763年—1825年），字三白，号梅逸，长洲（今江苏苏州）人，清代文学家，代表作《浮生六记》。

唯有河东狮子美

怕老婆并不丢人，"怕"其实是尊重，是爱，
是一个男人对一个女人无限的赞美和宠溺，
所以，才会任由女人使性子。

他出身显赫，少年早慧。14岁时，他就读完了家中所有的书。

他担任过许多重要的官职。他兴修水利，带兵打仗，当外交官，管理全国财政，还和王安石一起并肩作战致力于新政。

他写过一本名叫《梦溪笔谈》的书，被称为中国科学史上的里程碑。

他有一个响当当的名字：沈括。

他36岁的时候，他的原配夫人不幸去世。过了两年，他的上司把自己的女儿张氏嫁给了他。

璧柱瑶弦思蜀曲，合欢喜颂凤求凰。因为张氏年轻又美貌，沈括和她结婚后，处处呵护她，怜爱她。张氏的气焰于是越来越大，渐渐地，从一个温婉可人的小女子，变成了一个悍妇。

可沈括还是处处随她所意。她动不动就拧他，掐他，打他，对他呼来喝去，而他，唯唯诺诺，任她胡来。

有一回，张氏又发火了，打骂之后，还不过瘾，于是一把抓住了沈括的胡子。沈括吓得想躲藏，可张氏却死死地揪住不放，于是，沈括的胡子和下巴分家了，顿时血淋淋的一片。这件事情，被沈括的儿媳妇看到了，她告诉了自己的弟弟朱彧，于是，朱彧把此事记到了自己的书《萍洲可谈》中。

沈括害怕张氏，就好像老鼠怕猫一样，每次一听张氏提高嗓门，他就吓得浑身哆嗦。而就是在这种情况下，他用8年的时间写完了《梦溪笔谈》。

《梦溪笔谈》写完了，张氏也得了重病去世。人人都觉得沈括这下解脱了，可沈括却悲痛难当，他常常哭得死去活来，说，她走了，我还活着干什么呢？

一次，他和朋友在江边散步，忽然想起张氏，沈括痛苦不已，直接跳进了江中，说道，我要去找她。

第二年，他终于“如愿”生病死去。不知道，张氏在另一个世

界里，是否还会打他骂他呢？

牝咮鸣晨有悍妇，孽狐嗥夜有老奴。也许对于张氏来说，打骂是爱的另一种表达形式吧？

沈括（公元1031年—1095年），字存中，号梦溪丈人，杭州钱塘县（今浙江省杭州市）人，北宋卓越的科学家、改革家。他精通天文、数学、物理学、化学、地质学、气象学、地理学、农学和医学，还是卓越的工程师、出色的外交家。他是我国最卓越的科学家之一，代表作《梦溪笔谈》。

人间万事不如卿

如果世上有一个男子，像顺治皇帝一样痴情，
那么一定有一个女子，像董鄂妃一样，
即使长眠于地下，也会感到幸福如繁花开放吧。

他是6岁就登基的少年天子，宫中红颜无数，他却独独喜欢上了她。

她是大臣的女儿，国色天香，性格温婉，善解人意，令他魂牵

梦萦。可是，她的丈夫不是他，是他的弟弟。所以，他只能远远地看她，远远地欣赏。

好事者添油加醋地向他的弟弟襄亲王述说了一番，襄亲王勃然大怒，对她拳脚相加。他得知后，心痛不已，竟然不顾皇帝的身份，在大殿之上，给了襄亲王一个耳光，令众人震惊。

襄亲王又气又恨，不久就离开了人世。

他娶了她，封她为贤妃。一个月后，他升她为皇贵妃，为了这个，他举办了隆重的大典，并大赦天下。一个月就提为贵妃，已经是清代300年历史上开天辟地的第一次，而为此大赦天下，几乎就是闻所未闻、绝无仅有。

他19岁，她18岁，从此他眼里再无后宫三千佳丽，只宠爱她一个人，并且不惜一切代价要立她为皇后。可因为太后反对，只好暂且缓下了。

枕上春梦只三年。她21岁时为他生下了一个龙子，他欣喜若狂，向天下昭告：此朕第一子。可孩子因为身体虚弱，不久就夭折了，她悲痛欲绝，很快也就驾鹤西去。

他心碎如齑，不顾一切，发疯一样要跟随她而去，太后不得不找人日夜看守着他。他五天没有上朝，追封她为皇后，命令天下所有的人都为她披麻戴孝，他让学士撰写祭文，改了一遍又一遍，最后，他的泪水湿透了纸稿。

从此，他不再理朝政，茶饭不思，一蹶不振。四个月后，他溘然离世，去追随最心爱的她了。

有人说，他并没有死，只是出家了而已。可即使他的肉体还在世间，能抛下王位出家，那颗心，已经早已如死灰了吧？

顺治皇帝爱新觉罗·福临（公元1638年—1661年），清太宗的第九子，其母为孝庄文皇后。他6岁登基，13岁亲政，在其母孝庄文皇后的帮助下，为巩固清王朝做出了贡献，为康乾盛世打下了基础。

孝献皇后（公元1639年—1660年），董鄂氏，满洲镶黄旗人，内大臣鄂硕之女，抚远大将军费扬古的姐姐，世称董鄂妃。

只有伊人共古长

有些男人就是这样，他们从不说“爱”，
可他们的一言一行，都是爱的表现。

司马光从小就聪颖过人，正直诚实，因为砸缸救小伙伴的故事，小小年纪就名扬天下。

他写了名扬天下的《资治通鉴》，被誉为“后世不可为之书，天地间必不可无之书”，连他的政敌王安石都夸他是君子。

可他最让人敬佩的，并不是这些。

20 岁时，他娶了她——结发妻子张氏。

虽然张氏容貌秀丽，聪明伶俐，可惜的是，和他结婚 30 多年，却没有子嗣。张氏心中充满愧疚，就暗自买了一个美貌的女孩儿，盛装打扮后安排在家中，准备给司马光做妾。

可是，司马光回到家中，却直接钻入了书房看书，女孩儿连面也没见到。

张氏心中不甘，就将女孩儿安置在自己的卧室里。晚上，司马光进了卧室，看到一个美艳年轻的女娇娥，顿时吓了一跳。等他明白了是怎么回事后，他遣走了女孩儿。

张氏对他说，我没有给你留下一男半女，这是对不起祖宗的事情，所以心中十分愧疚，才要给你纳妾。

司马光说，没有孩子有什么关系。天下有那么多孩子，我们对他们好一些，是一样的。

可张氏仍然不甘心，又张罗了好几次，连司马光的岳母都帮忙给他纳妾，但每次，都被司马光拒绝了。

北宋时期，生活稳定，社会繁荣，养小妾是所有达官贵人的爱好，何况司马光身份显赫，官至尚书左仆射。可他却说，和一个人白头偕老不是很好的事情吗?

张氏终身未育，司马光便收养了族人的一个孩子，视为己出。

他未曾说过什么甜言蜜语，也没有什么海誓山盟，可他用自己一生的行动，告诉了张氏自己纯洁而专一的心意。

司马光（公元 1019 年—1086 年），字君实，号迂夫，出生于河南省光山县，陕州夏县（今属山西夏县）涑水乡人，世称涑水先生。司马光是北宋时期著名的政治家、文学家、史学家，主持编纂了中国历史上第一部编年体通史《资治通鉴》。

糟糠之妻不下堂

有多少个男人，能有这样忠贞的爱。

所以，他永远留在了史册里，

与“糟糠之妻”这个温暖的称呼，永远在一起。

他是一个大将，在战斗中受了伤，在她家养伤。她并不是千金小姐，却也明眸皓齿，仪态万方。

她的温柔、善良与大方，令他爱上了她。

他伤好后，她成了他的妻子。

后来，他们的王朝建立了，他受到皇帝的器重，做了大官。

他的稳健、渊博、风度吸引了皇帝寡居的姐姐，公主哭闹着一定要嫁给他。

她果断地选择放手——虽然，他们结发与君知，相要以终老。可她爱他，只要他好，她怎样都可以。拒绝了皇帝，将是杀头之罪；做了驸马，他会从此飞黄腾达。何况，公主是绝代美人颜如玉，而她，已是朱颜辞镜花辞树。

他却不允许她离开自己。

皇帝召见他，告诉他说：富贵的时候就要忘记贫困时的朋友，发达了就应该换掉容颜衰老的老婆。皇帝暗示他休掉她。那时候，他周围的每一个官员，不是休发妻，就是纳妾，身边都是花容月貌的俏娇娘，为了要跟自己的地位相配。

可他却说：贫贱之交不可忘，糟糠之妻不下堂。他挺直腰板，根本置在屏风后偷听的公主于不顾。

他叫宋弘，是光武帝刘秀的重臣。就算富贵了，他也不愿抛弃患难时温暖过自己的妻子。无论何时，何地，她永远是他唯一的爱人。就算是贵如公主，也不能颠覆。

世界上有两种人最让人尊敬：一种是在年轻时陪男人过苦日子的女人；一种是在发达时陪女人过好日子的男人。

宋弘（生卒年不详），字仲子，京兆长安（今陕西西安）人，东汉名臣，为人正直，做官直言敢谏，先后被封为栒邑侯、宣平侯。

只有相思泪难剪

世上有许多这样的女人，

不管你有多落魄，她却说爱你的才华；

如果你没有才华，她就爱你的朴素。

反正，她就是爱你，只爱你，不管你是什么样子，你是谁。

她最幸运的，就是遇到一个男人，

爱过她之后，就不会再爱任何女人。

传说中，他和秋香有一段浪漫而缠绵的爱情。可事实上，他视若生命的女人，叫九娘。

最初，他是才华横溢的年轻解元，娶了官宦家的大小姐。大小姐爱慕他的才华，一心想着他能飞黄腾达，自己跟着他能吃香喝辣，享尽荣华。

不想，一场科场的案件连累了他，他从此与科举无缘了，升官发财都不会跟他有任何关系，他的妻子也果断地另择高枝。

落魄的他，在青楼之间辗转。

沈九娘，不过是个官妓。可是她疼惜他，爱怜他，就算他身无分文，处境艰难，她也一样爱他。

为了让他好好作画，她专门收拾出自己房间的一方天地，陪他画画，为他研磨，红袖添香，大部分时候她还做他的模特。

他画得越来越好了。他的画中，都是她的娇俏，她的风姿，她的神采，她的美丽。他对她，爱到了骨子里。

他已经有些盛名了，他毫不犹豫地娶了她。

她给他生了一个女儿。只是，他的画虽然好，买的人却很少，日子依然穷困潦倒。她靠帮人洗衣服，缝衣服，挣一些糊口钱，维系着艰难的日子。

他被宁王骗到南昌，想让他作画进献给皇上。他不想顺从，于是假装疯癫以求脱身。终日操劳的她看到他的样子，心如刀绞，终于病倒了。

弥留之时，她对他说：你没有嫌弃我，让我做你的妻子，我很感激。本来我想尽力地做好家务，养家糊口，让你作画成为大家。可是，以后我不能陪你了。

九娘握着他的手离开了人世。那一年，他 42 岁，他们的女儿才 5 岁。

她走之后，他带着女儿艰难生活。他每天看到她用过的尺、镜、刀、针、彩线，都忍不住心如刀割，他含泪写下了十首诗，每一首诗中的每一句，都浸着泪和思念。

他看到针，就写到：

乞巧楼前乞巧时，金针玉指弄春思。
牛郎织女年年会，可惜容颜永别离。

他看到剪刀，就写到：

凤头交股雪花镔，剪断吴淞江水浑。
只有相思泪难剪，旧痕才断接新痕。

风流才子唐伯虎，从此之后再未婚娶，也没有再爱过任何一个女人。最后，他皈依了佛门。

唐寅（公元1470年—1523年），字伯虎，一字子畏，号六如居士、桃花庵主等，吴县（今江苏苏州）人。著名的艺术大师、画家、书法家和文学家。他出身商人家庭，曾中解元，与祝允明、文徵明、徐祯卿并称“江南四大才子”，并与沈周、文徵明、仇英并称“吴门四家”。

天女维摩总解禅

真正的爱，其实就是——一直跟一个人在一起，

为他疼痛，为他难过，为他欢笑，为他付出，

为他把自己的一生一世都用光、耗尽。

认识朝云的时候，苏东坡已经40岁，他的结发妻子王弗已经去世，他的续弦是王弗的表妹王闰之。

他和朋友在湖上泛舟，欣赏歌舞，偶然看到了朝云。她是西湖边穷苦人家的女儿，被卖到青楼做歌妓。他看到她的瞬间，惊呆了，这样一个肌肤吹弹可破、面泛桃花，跳起舞来像西子湖边的柔柳一般的美丽姑娘，是否就是西子的化身?

他提笔写下了那首著名的诗《饮湖上初晴后雨》：

水光潋滟晴方好，山色空濛雨亦奇。

欲把西湖比西子，淡妆浓抹总相宜。

没有人知道，他写的就是王朝云。

他将她带回府中，她成了他的侍妾。那时，他有妻子王闰之，还有许多其他的侍妾，可在众多的女子中，只有她最乖巧，最脱俗，最贤淑。

有一次，苏东坡拍着自己的肚子问她们，你们说，我肚子里装的是什么？妻妾们纷纷奉上高帽，有人说是锦绣文章，有人说是远见卓识，只有她说“是一肚子不合时宜”。

苏东坡从此奉朝云为知己。

身行万里半天下，僧卧一庵初白头。因为政治上的坚持，苏东坡被一贬再贬，生活颠沛流离，艰苦无比，可朝云一心一意跟着苏东坡，一起刈草盖雪堂，风吹面如墨，生活却无比甜美。心灵手巧的朝云，还精心地用猪肉做出了好吃的佳肴，给苏东坡改善伙食，这就是后来著名的东坡肉。

几年之后，苏东坡成了太子师，春风得意。他不时带着妻子出入权贵之家，还写下了那首令人落泪的悼念王弗的词。他的生活热热闹闹，她似乎已经不那么重要了。

可惜，这样风光的生活只过了两年，苏东坡又一次被贬，一直到他花甲之年，他被贬到了南蛮之地惠州。这时，他的妻子王闰之已经过世，其他小妾也都四散而去，没有谁愿意跟随他一起去蛮荒之地受苦，只有朝云一直跟着他，跋山涉水，无论多么艰苦，多么清贫，也要跟他厮守在一起。

苏东坡写下一首诗，表达对朝云的感激：

不似杨枝别乐天，恰如通德伴伶元。
阿奴络秀不同老，无女维摩总解禅。
经卷药炉新活计，舞衫歌板旧姻缘。
丹成逐我三山去，不作巫山云雨仙。

在惠州，朝云为他生下了一个儿子，可因为生活太过困苦，她的身体受到了很大的损伤，就算苏东坡日日拜佛，朝云还是撇下他和幼儿驾鹤西去。那一年，她只有 34 岁。

繁华落尽君辞去。这时，苏东坡才觉得朝云对于自己是那么重要。他把朝云埋在惠州西湖的孤山上，建塔、筑堤、种梅，他想把这里变成杭州的西湖，他想让朝云即使走了，也永远活在杭州时那美好的时光里。

苏轼（公元 1037 年—1101 年），字子瞻，又字和仲，号东坡居士，眉州眉山（今属四川）人，北宋时著名的文学家、书画家、散文家和诗人。他与父苏洵、弟苏辙合称“三苏”；与欧阳修并称“欧苏”，为唐宋八大家之一；与黄庭坚并称“苏黄”；与辛弃疾并称“苏辛”，是豪放派的代表。书法方面，他擅长行书、楷书，与黄庭坚、米芾、蔡襄并称“宋四家”。其诗文有《东坡七集》等，词有《东坡乐府》。

王朝云（公元 1062 年—1096 年），字子霞，浙江钱塘人，大文豪苏东坡侍妾，后随苏东坡谪居惠州，第三年亡故，并葬于惠州西湖。

惟有相守最旖旎

他们就这样清贫了一生，相伴了一生。

他们的爱情，没有拐弯，没有分岔，更没有支流。

其实他是可以做官的，因为很年轻的时候，他就考了州试第一。他也曾踌躇满志，志在云霄。可是明朝灭亡了，他痛苦不已，他真的想悲壮地去和清王朝决一死战，可是却没有那个能力。他能做的，只是再也没有去参加科考。

那时候，他已经娶了她，她是大户人家的女儿。

他小有名气，清朝廷招他去当官，他不愿意去，她也不让他去。她说，我们宁可守着破屋，吃着糠草，也不能没有气节。

他们在荒郊野外盖了茅草房，周围环境非常艰苦，没有人烟，只有满目的海水，还有屋檐下的燕子。她没有多余的钱用于梳妆打扮，哪怕她过生日的时候，他也没有钱给她买一份小小的礼物。可就算如此，两个人仍相敬如宾，过得逍遥自在。

他们的房子太不结实了，东倒西歪的，连狐狸都可以自由出入。他们每天晚上躺在床上，几乎可以看到天上的星星。他实在太穷了，连写字必需的砚台都拿去当掉了。可是，他们的草屋外面有傲人的梅花，有潺潺的流水。他们养了许多菊花，常常在夜深之时，点着灯坐在花丛中。

他们给自己的房子取名“陋轩”，他们的心，那么的高洁和快乐。

他因写诗描述盐民的疾苦，而触犯了盐商和官吏，被逼得像盐民一样逃跑，甚至匿藏在草丛中。她那时已经重病缠身，没有钱，连口粮也没有，她毅然拔下头上的金簪，换回一壶酒，送去给他压惊。

在茅屋中，他写下《陋轩诗集》，她写下《陋轩词》，他们夫唱妇随，珠联璧合。

他65岁的时候，她走了。他悲痛欲绝，写下了12首怀念诗词。没过几个月，他也追随她而去了。

他们就这样清贫了一生，相伴了一生。他们的爱情，没有拐弯，没有分岔，更没有支流。

吴嘉纪（公元1618年—1684年），字宾贤，号野人，江苏泰州人。布衣诗人，是清朝最主要的遗民诗人之一。其诗深刻地反应了江淮一带人民的悲苦命运。著有《陋轩诗集》，共收入诗歌1265首。

王睿（？—公元1683年），明代著名的“泰州学派”创始人王艮的后裔。她是甘守贫困、志趣高洁的女词人，著有《陋轩词》。

要留痴情在人间

“今生，你是我的唯一。”

这一句简单的话，古往今来，

有几个人能做到，有几个春风得意的男人能做到?

可是，于谦做到了。

其实，他并不是刻意地克制自己，

而只不过遵循了自己最真的内心。

于谦从小就聪颖、勇敢。19岁时，听闻一处地方闹鬼，他却偏不信邪，晚上住在里面，一点儿也不畏惧。

翰林董镛喜欢他，要将女儿许配给他。

20岁时，于谦科考中了第一名，当时写的几篇文章，被人广为传颂。

隔年，他娶了董氏。董氏性格温婉，知书达理，对他温柔体贴，对长辈非常孝顺。两人熟读经书，琴瑟相和，是爱人，更是知己。他们坐必接膝，行必携手。如鸟同翼，如鱼比目，度过了幸福的 10 年。

31 岁时，他成为风光的巡抚大人，从此与她聚少离多。她带着幼儿和小女，辛苦却无怨言。他无法陪伴在她左右，心中充满愧疚，于是就常常写信给她，说“结发为夫妻，恩爱两相好”。在那些男尊女卑的时节，没有几个人会这样疼爱妻子，说如此烫人的情话。可是他能。

她 48 岁那一年，忽然患了重病离世，可他在河南、山西监督赈灾粮，根本无法回家。后来，他终于回到了家中，看到她的画像时，顿时哭倒在地。他流着泪，为她写下一篇《祭亡妻淑人董氏文》，“疏广未能辞汉主，孟光已先弃梁鸿”。并立下誓言，永远不再娶妻纳妾。

因为是有功之臣，皇帝赐给他一幢豪宅，可他从来不去居住，仍然守住在老房子里，他说，这里是我妻子一直生活的地方，她的魂就在这里，我怎么能搬走呢？

他是朝廷重臣，身居高位，前来提亲者络绎不绝，可都被他婉言谢绝。有一个女子赏识他为人正直，虽然她才貌双全，是世间少见的奇女子，琴声宛若天籁，而且那样懂他，不管哪个男人，都无法抵挡她的诱惑，可他还是将她拒之门外，说，我的心里，只有董氏。我的妻子，永远只是她。

就这样，直到他遇害身亡，他仍然孑然一身，他遵守着自己向她许过的诺言。

于谦（公元1398年—1457年），字廷益，号节庵，明代永乐年间进士、名臣、民族英雄，以气节著称于世。他官至少保，世称“于少保”，与岳飞、张煌言并称“西湖三杰”。

除却巫山不是云

曾经沧海难为水，除却巫山不是云。

信步花丛懒回顾，半缘修道半缘君。

是什么样的女子，让一个大才子发出如此的感叹？

元稹24岁的时候，娶了20岁的韦丛。

韦丛是太子少保的小女儿，是在家中备受疼爱、衣来伸手饭来张口的大小姐，而元稹当时只是个百无一用的穷书生。

他们婚后的第二年，元稹及第，可是，他只是低级的官吏，生活依然清贫。“顾我无衣搜荩箧，泥他沽酒拔金钗。野蔬充膳甘长藿，落叶添薪仰古槐。”他们家里，什么也没有，要靠野菜充饥，只能捡一些枯树叶当柴烧。韦丛翻箱倒柜，也找不到几件衣服穿。元稹是个借酒作诗的才子，因此总离不开酒，于是，韦丛只好把自己的金钗卖了，给他换酒。冬天的时候，她整天看着梧桐树，希望它们能多掉一些叶子，好烧来给元稹取暖。

她几乎对他百依百顺。

只是，好花不常开，好景不长在。

元稹终于做了高官，等到了春风得意马蹄疾。可是，韦从却撒手人寰。直到死去的那一刻，她怀中还抱着给他缝制的菊花枕头。

那一年，她只有 27 岁，他 31 岁。

元稹伤心不已，他发誓永远不会再娶别人。他想起两个人贫贱之时的每一件事情，心里都充满了哀伤，他写下一首又一首的诗，怀念她的好，她的一切。

他的朋友来了，他陪朋友喝酒，酒醉清醒过后，他却看见朋友在哭泣不止。他问，你为什么哭得这么伤心？朋友说，你刚才喝醉了，总是把旁边的人当成韦从，一遍一遍地叫着她的名字……

后来，他遇见了好几个女人，可是，她在他的心里却永远也抹不去。不是花中偏爱菊，此花开过更无花。

他写下了“曾经沧海难为水，除却巫山不是云”这样的诗句，以示对她永远的怀念。他留下的诗里，有 30 多首都是写给韦丛的。韦丛如果地下有知，也会含笑吧。

元稹（公元 779 年—831 年），字微之，别字威明，洛阳（今河南洛阳）人。唐代著名文学家、诗人，和白居易并称为“元白”。

执子之手共白头

谁不爱如花容颜？谁不爱青春年少？

可又有多少人在面对诱惑的时候，

还能想得起自己当年的山盟海誓？

忠贞，这两个字因为太难做到，所以才非常可贵。

色衰只恐君恩歇。许多男人，有钱有权之后，想做的第一件事，就是抛弃容颜衰老的妻子。

可晏子，却堪称典范。

当时，他已经是齐国良相，名扬天下，地位在一人之下，万人之上。齐景公非常欣赏晏子，赐给他别墅金钱，晏子都拒绝了。

一日，齐景公去晏子家做客，从里屋出来一个穿着粗布衣、头发花白的老妪，晏子对齐景公说，这是我的内人。

齐景公惊讶万分，说，你的官位这么高，每年拿着那么高的俸禄，怎么妻子年龄这么大，而且还这么丑？不如把我女儿嫁给你吧，她又年轻又漂亮，比你的妻子不知道强多少倍呢！

做驸马，这是多少男人梦寐以求的事情，何况，公主年轻又美貌如花。

可晏子却毫不犹豫地拒绝了。

齐景公非常不理解。

晏子说，一个人有钱了，就休掉自己年老的妻子，叫“乱”；娶一个年轻的妻子，叫“淫”；看见美色就忘掉大义，有钱之后就忘掉人伦，这就是背离道德。我晏子不会做淫乱和背离道德的事情。再说，年轻的女孩嫁人，年轻的小伙子娶妻，都是为了相爱一辈子，白头到老，到年老的时候相依为命，互相依靠。过去，我爱上了我的妻子，怎么能因为她现在老了，就嫌弃她、抛弃她呢？生有同室好，死成并棺民。这才是真正的爱。

齐景公听完了晏子的话，顿时赞叹不已，连连赞道，他连妻子都不会背叛，就更不会背叛我了。齐景公从此更加信任晏子了。

晏婴（公元前578—公元前500年），字仲，谥平，夷维（今山东高密）人，春秋战国时期著名的政治家、思想家、外交家。晏子仁政爱民，廉洁从政，虚怀若谷，智慧机敏，为后世所称道。

一生只爱卿一人

世界上大概很少有这样的男人，
就算是享受着无边的荣华、无上的地位，
也坚持一生只爱一个女人。

他虽然贵为皇帝之子，却为避免遭受万贵妃的残害，刚生下来便被善良的太监藏匿起来。直到 3 岁，他的父皇才知道他的存在。6 岁，他被封为太子。

她母亲怀她的时候，梦见一轮明月进入怀中。她出生后，果然鲜艳明媚惹人怜，娇俏嫣然万里传。不久，她被选入宫中，做了太子妃。可是太子的境遇并不好，她没有享受到荣华富贵，反而整日跟着他提心吊胆。

在那些最哀伤、最凄惨的岁月里，她给了他无尽的安慰。她什么也不要，只要跟他在一起，哪怕，随时随地都有可能离开人世，成为政治斗争的牺牲品。

好在，他 18 岁的时候，苦尽甘来，终于做了皇帝。而她，也顺理成章成了皇后。

他是贤明的圣上，不铺张不浪费，连贴身衣服破了，也会补一补继续穿；他听说许多大臣要摸黑回家，就叮嘱专人掌灯送他们；他善良宽容，连一直加害他的万贵妃，他都以礼相待。他治理国家的时期，明朝出现了前所未有的繁荣，被人称为“中兴之治”。

他和她每天在一起，同起，同睡，读书，作画，谈古论今。她28岁时，还是未能为他生下一儿半女。大臣们纷纷上书，让他选妃，可是，他不同意，他就想守着她，她是他唯一的爱。

后来，兴许是他们的爱情感动了上天，他们终于有了一个儿子，一家三口，其乐融融。

只可怜他35岁就离开了人世。但一直到他死去，除了张氏，他都没有第二个女人。

世界上大概很少有这样的男人，就算是享受着无边的荣华、无上的地位，也坚持一生只爱一个女人。

明孝宗朱佑樘（公元1470年—1505年），明宪宗朱见深第三子，明朝时第九个皇帝，在位18年。期间，他勤于政事，励精图治，使明朝再度出现盛世，史称弘治中兴，是一位贤明的君主。

张皇后（公元1470年—1541年），兴济（今河北青县）人，明武宗朱厚照的母亲。她美丽天成，深明大义，是一位不可多得的睿智聪明的皇后。

衣带渐宽终不悔

如果爱是一朵莲花，最苦的，一定是那颗莲心。

世界上最寂寞的是等待，最忧伤的是等待，

最煎熬的是等待，最幸福的也是等待。

相守固然美丽，盼望却是一种凄美。

那样盼望，那样相思，那样孤独。

那月下独酌的身影，那泪珠相伴的青灯，

那随着时光丝丝老去的朱颜，都在吟唱着痴情。

可是，纵然千年等一回，我亦无怨无悔。

因为，你是世界上最值得等待的那个人！

你，是世间我唯一盼望、等待与愿意付出一切的那个人。

从此美人如团扇

有这样的女人，她这一生
不管是受到冷落、宠幸、遗弃，
不管那个男人怎样对待她，伤害她，
她都会始终如一，无论生，或者死。
她只爱他一个人。

那时，还没有长袖善舞的赵飞燕，她还集三千宠爱在一身。

她是汉成帝的宠妃，不仅因为她的父亲班况是朝廷重臣，不仅因为她的美丽温柔、光彩照人。

她是真正的才女，能出口成章，引经据典，汉成帝所有的郁闷，在她那里都可以一扫而光；她还精通乐器，汉成帝常常陶醉在她的丝竹声中，忘记了自己。

在汉成帝心里，她已经不仅仅是个讨人欢喜的妃子，更是一个亦师亦友的朋友。她已经成了他生命中的一部分，他恨不得和她形影不离。他出游巡查时，想将她带在身边，于是让人专门做了大辇

以供她和自己并排坐在车上。她却拒绝了，跪在地上对汉成帝说：那些圣贤的君王身边都坐着贤臣，只有商纣王、周幽王他们身边才坐着妃子。如果我坐在您的旁边，那我不是和妲己一样了吗？她的贤德让太后、大臣都交口称赞。

可皇帝未必这样想。

赵飞燕出现了，赵合德出现了。贪新图鲜，是男人永远的主题，何况，这个男人是呼风唤雨、无所不能的皇帝。他看到美艳又有趣的赵氏姐妹，如同得到新玩具的小孩，立刻将她冷落在了旁边。她心灰意冷，却又无可奈何。她不愿加入那些嫔妃的争斗中。她知道，自己拉不回他的心。于是，她来到了太后的身边，住在了长信宫中，还写下了许多诗篇。从此，美人如团扇——秋日的团扇。

后来，汉成帝驾崩了，死在了赵合德的温柔乡里。昔日那些争宠的妃子瞬间四散而去，寻找自己后世的幸福了。而她却要求去他的陵园，守着他的陵墓度过余生。5年之后，她终于离开人世，那时，她只有40余岁。太后让人将她葬在了汉成帝的陵园里。她终于可以永远地和他厮守在一起，不必长相思，摧心肝了。

班婕妤（公元前48年—公元2年），全名班恬，汉族，祖籍楼烦（今山西朔县宁武附近）人，汉成帝的妃子，历史上著名的女辞赋家、作家。她是越骑校尉班况的女儿，班彪的姑母，班固、班超、班昭的祖姑母。她多才多艺，善于音律，端庄自持，大气贤淑，堪称古代妇德的楷模。

金屋无人见泪痕

终其一生，他只为欲望而活，只为巅峰的权力而活。

为此，他不惜伤害所有的女人，包括她。

如果她知道了这一点，也该为他感到悲哀吧。

因为他没有像她那样，

不顾一切地爱过，毫无保留地付出过，

刻骨铭心地难过过。

这是多少人的悲哀？

他说：“如果我娶了阿娇，就要用金屋把她藏起来。”这是全世界最有名最动人的誓言。那时，他仅有6岁。

他是皇十子，她是他的表姐，比他大2岁。她的身份是那样尊贵，外公是皇帝，舅舅是皇帝，外婆是皇太后，妈妈是公主，她的家族是汉王朝的功臣。而他们，都那么喜欢她。

本来，他并不是太子，也没有资格，只因为他说了要金屋藏娇，她的全家以及疼爱她的人，都转而支持他。最后，他终于成了太子。

18岁，她欢天喜地地嫁给他。她以为，从此便是花好月圆，能过上童话般的生活。他做了皇帝，她做了皇后。其实，他那时的地位岌岌可危。只是因为她有坚强的后盾，她那么爱他，给他周旋着一切，他才坐稳了皇位，成了真正权倾天下的男人。

10多年，她没能为他生下一男半女，他渐渐厌倦了她的恃宠而骄，一个歌妓就夺去了他的心。她心痛得要死，和他大吵大闹。人们都说她善妒，谁知道她只是想要一颗专一的心。可男人，怎么能经得起美人的诱惑，何况他还是皇帝。他不仅继续和美人度春宵，而且美人还生下一个又一个孩子。

不久后，最疼爱她的外婆去世了。而在她的后宫里，挖出了诅咒他的巫毒娃娃。她无法辩解，也不想辩解。如果恩爱已远去，其他的都不重要了。

她不再是皇后，住到了寂寥冷落的长门宫中。以前那个骄傲、美丽、拥有全世界的女人，被打入了冷宫。

她用千金买来司马相如的《长门赋》，向他倾诉自己的思念和哀愁，“覆水欲收宁复复，此情惟有谪仙知”。可是，雨落不上天，水覆难再收。君情与妾意，各自东西流。他再也不见她。

十几年后，她郁郁而终。那时候，他已经成为了一个惨无人道、不择手段的皇帝。为了防止别人夺权，他重立了太子，残忍地杀死年轻的母亲。他还下了圣旨，如果他死了，生过孩子的嫔妃一律要陪葬。

陈皇后（生卒年不详），小名阿娇，汉代馆陶长公主刘嫖的女儿，汉武帝刘彻的嫡亲姑表姐，同时也是他的第一任皇后，后被废。

汉武帝刘彻（公元前156年—公元前87年），汉高祖刘邦的重孙，汉景帝刘启第十子，汉朝的第七位皇帝。他16岁登基，是著名政治家、战略家、诗人、文学家，在位54年，是中国历史上在位时间第三长的皇帝。他雄才大略、颇具建树，多次大败匈奴，将中华帝国推向历史的巅峰，开拓了汉朝最大的版图。此时段被称为“汉武盛世”，受到世人推崇。

谁记当年翠黛颦

> 欢爱之时，郎情妾意。
> 恩爱散去，男人已然忘记，女人却一辈子刻骨铭心，
> 甚至要用生命去永远怀念那一个人。
> 人世间的至坚爱情，莫不如此。

崔徽有多美？秦观说她的画像是水翦双眸点绛唇，说她是宋玉东邻那个减一分则瘦，多一分则胖的千古美女。她误入风尘之中，在山西蒲州卖笑迎客却不卖身。

一切都是天意，她遇到了来蒲州视察的特使裴敬中。佳人入

怀，谁能不醉？裴敬中一下子就坠入崔徽的温柔乡中，缱绻难离，恩爱数月。她的第一次给了他，她发誓说：我今生只侍奉裴郎一个人。他也许诺，要为她赎身，娶她为妻。

可不久，他巡查的时间结束了。他们，不得不执手相看泪眼，忍痛别离。

与君一别，再无相见。裴敬中新官上任，自然要身体力行，努力工作。况且，在唐朝，官员狎妓本就是约定俗成。新官上任之时，前一任长官会把以前的储妓，一同交给下一任。春风得意的男人的世界里，永远少不了美娇娘，绝对不会寂寞。

崔徽朝思夜盼，盼来的只是杳无音讯。好不容易，盼到了裴敬中的一位挚友。崔徽请一位著名画师为自己画了像，托他带给裴敬中，并立下誓言说：如果我容颜不如画中人了，便会以死报郎！

裴敬中手捧崔徽画像，看到美眸善睐、唇红齿白的佳人，也曾心旌荡漾，也曾旧情复燃，可崔徽毕竟只是一个风尘女子，而自己却身居高位，怎能因她而断送自己的前程呢？也许，她只是余情未了，余温未消，假以时日，迎了新客，便会忘记他这个旧人了吧？

世界上最铁石心肠的，莫过于那些总打着“大局”名义的男人了。裴敬中不理不睬，不闻不问，好似他从来没有在这个世界上，遇到过那个叫崔徽的女子一般。

崔徽以为的良辰美景成了奈何天。不久，她久思成疾，怒火攻心，容颜俱损，最后竟然精神失常，陷入了错乱迷离之境地，没多久就香消玉殒了。

可怜她死的时候，裴敬中却依然在万花丛中流连忘返。

后来，裴敬中的好友元稹，写下了一首《崔徽曲》，这个痴情女子的遭遇才被天下人所知。

崔徽本不是娼家，教歌按舞娼家长。
使君知有不自由，坐在显时立在掌。
末云有客名丘夏，善写仪容得艳姿。
为徽持此谢敬中，以死报郎为终始。

崔徽（生卒年不详），唐朝歌妓。

怎奈东风吹薄草

有几个人能知道心甘情愿、飞蛾扑火般爱的滋味呢？
其实，杜十娘决绝地沉下的，岂是他眼中的珠宝，
杜十娘沉下的是对生活的渴望，
对男人的信任，对爱情的憧憬，
她把一切都埋葬了。

“浑身雅艳，遍体娇香。两弯眉画远山青，一对眼明秋水润。脸如莲萼，分明卓氏文君；唇似樱桃，何减白家樊素。”这说的，便是杜十娘。她的原名叫杜嬍，是官宦人家的千金，可惜，父亲被冤而死，而她10岁就被卖入青楼，可怜一片无瑕玉，误落风尘花柳中！

她大家闺秀的做派，倾国倾城的容貌，能歌善舞的才情，让她红透了燕京。她每日强作欢颜，和形形色色的男人周旋，心里，却无比向往那种美好又纯真的爱。

直到李甲出现。他是太学生，父亲是浙江省的二品官，他一见

到杜十娘，便被她的艳丽姿容倾倒。而杜十娘，也那样爱他。从此，他坠落到她温柔的怀抱中，乐而忘返。他们如漆似胶，宛如夫妻一样出双入对。

他的父亲听说此事，立刻断了他的银两，并叮嘱朋友不要借钱给他。顿时，他从挥金如土的公子哥儿，变成了身无分文的穷光蛋，被赶出青楼。而她却不离不弃，想办法给自己赎了身，要他带她一起回家。

虽然，他们身上只有她的姐妹送的几十两银子的盘缠，但依然雅兴不减。月白风清，她在小舟上为他放歌，却被善于吟风弄月的孙富看见。她的姿容，顿时令孙富心旌荡漾，意乱情迷。恰巧大雪纷飞，大舟难行，孙富设法认识了李甲，探听到他要带她回家，却犹豫不决的心态，于是，他便提出赠他千金，令他回家馈赠父母，而杜十娘，必须留下，如此，他便不再为此烦心……

他回到舟中，她用纤纤素手，生红泥火炉，欲与他畅饮驱寒。他泪流满面，说出孙富的决定，顿时，她的心比外面船篷上的雪还要冰冷几分。她无语睡下，一夜无眠。

第二天，她打扮得光彩照人，袅袅婷婷，走出船舱，站上船头。李甲依依不舍，但又如释重负，拿过了孙富的千金。杜十娘缓缓打开百宝箱，第一层里，是各种首饰，价值数百金；第二层里，是黄金玉石，价值数千金；第三层里，是各种奇珍古玩，只一盒夜明珠，便价值万金。杜十娘潸然泪下，将金银珠宝古玩缓缓扔入江中，悲叹道："日海誓山盟，只说白首不渝，谁知几句浮言，郎竟将妾拱手相让，只为了换得那区区千金。叹郎有眼无珠，恨郎薄情寡义，今众人有目共证，妾不负郎，郎自负妾，一片痴情，空付枉然，此恨绵绵，今生无尽，待我来世再找郎算清！”之后，她抱着百宝箱，纵身跳入深深的江水之中，瞬间便被吞没。

这个世界上的女人，像杜十娘的有很多吧？她们都是对爱充满了憧憬和期待，都可以为了爱的那个人赴汤蹈火。可谁知道，就在她编织着美丽童话与梦想的时候，那个男人却在犹豫、瑟缩，还在想办法怎样摆脱。一个兰心蕙质、美艳动人的女子，竟被心爱的人卖与他人。

杜十娘（生卒年不详），明万历年间名妓。

女侠谁识寇白门

丛残红粉念君恩，女侠谁识寇白门。
黄土盖棺心未死，香丸一缕是芳魂。
就算是一个心灵已经走远的男人，
女人却仍然在留恋，在继续，在付出。
因为，爱，一旦付出了，就会像种子，
不断发芽，长成参天大树，永不停歇。

她家世代都是娼妓，而她，是最美丽最聪慧的一个。人人夸她风姿绰约，容貌冶艳。秦淮河上，她风姿灵巧、娇媚，既懂音律，又能吟诗，一手兰花好画，令王公贵族趋之若鹜。连钱谦益都说她“今日秦淮总相值”。

17岁时，声名显赫的保国公朱国弼看上了她。那时，他年方30，风光无限。她嫁给了他，从此便洗去前世风尘了。

秋天的夜晚，他来娶她，5000名士兵手持红灯笼，从她家门口一直延伸到他的府邸，排场极其奢华，观者如鹜。幸福生活的大

门，似乎已经向她徐徐打开。

应该有许多浓情蜜意吧，让上天都心生妒意了。几个月后，他便撇下她，又跑到章台柳巷之中，温柔富贵乡里，放浪形骸，几乎已经忘记家中还有一个娇美小妻子了。

就这样过了 2 年，他投降了清朝，很快又被软禁。急需金钱的他，心想着要把她和其他小妾都卖掉，一来甩掉包袱，二来可以换一些钱零用。

她心如刀割，却忍痛来到他身边，说道，你卖了我们，也不过几百两银子，不如你让我去金陵，一个月内，我给你万两白银。他竟然答应了。她穿上白色短衣，跃上白马，头也不回地走了。

“短衣风雪返金陵，红豆飘零弱不胜。”一个月后，她回来了，给了他二万两银子，将他赎了出来。

他看到她这样有义气又能干，就向她道歉，想让她继续留在自己身边。可她干脆地拒绝了。她说，当年你用银子给我赎身，现在我用银子将你赎回，所以我们了结了。说完，她就潇洒地走了。

她又回到了秦淮河畔，重新成为万紫千红中的一朵。只是，她已经不复往日的娇艳。一个没有爱情的女人，被最爱的人伤透了心之后，就会像花朵一样，迅速凋零。

虽然寇白门从此萎靡，直到死去。可历代的文人骚客们，仍然热烈地盛赞她，有人把她比作西施，有人把她比作葛嫩娘，钱谦益更将她比作女侠：“丛残红粉念君恩，女侠谁识寇白门。黄土盖棺心未死，香丸一缕是芳魂。”明朝遗老方文说道，“只当论诗良友宅，不应概作女郎看”。

寇白门，这个满怀憧憬，想和自己所爱之人牵手一生，却抱憾而去的女子，还有一个美丽娇柔的名字——寇湄。

寇白门（公元1624年—？），名湄，字白门，是明末清初的“秦淮八艳”之一。寇家是著名的世娼之家，虽为风尘女子，却侠胆义肝。钱谦益曾经称赞她，“今日秦淮总相值”。

蓼红苇白断肠时

在对的时间，遇到对的人，是一场圆满；
在错的时间，遇到错的人，是一声叹息。
真正的爱，不在乎绵长，而在乎热烈。

她是穷苦人家的女儿，跟着唱参军曲儿的丈夫辛苦辗转，唱小曲儿，赚些家用，艰难度日。只是，天生丽质难自弃。她容貌出众，有着夜莺一般的嗓音，余音绕梁三日不绝。她唱的，都是商人妇的心声，她到哪里演出，哪里就会掀起狂澜，听到她歌曲的闺妇、行人莫不哭泣。

偏偏，老天让她遇见了元稹。

他是越州刺史，是风流潇洒的大才子，他一见到她，立刻就被这个又美貌又有才华的女子吸引。他为她写了一首诗：

新妆巧样画双蛾，谩里常州透额罗。
正面偷匀光滑笏，缓行轻踏破纹波。
言辞雅措风流足，举止低回秀媚多。
更有恼人肠断处，选词能唱望夫歌。

看，在他的眼里，她多么鲜艳明媚，有说不尽道不完的风流韵致。

她像飞蛾扑火一般飞向了元稹。丈夫？也许没有元稹，她仍会跟着他四处漂泊，过着寻常夫妻的生活吧？可是，元稹让她着了迷。那是另一个世界，让她不由自主地下坠。丈夫的伤心，她已经看不到了。

元稹本来是要请才女薛涛来陪自己的，可看见她，便改变了主意。从此，薛涛遗恨汹涌。

那一年，她25岁。从此，她陪在他身边七年。看不够花红柳绿，听不够莺声燕语。她以为，从此便是人生旖旎，郎情妾意，能和元稹携子之手，与子偕老。

可她不知道，七年，是一个轮回。人们说的七年之痒，便是因为，七年的时间里，人的身体里所有的细胞都已经重生，七年后，那个你曾经最熟悉的人，一定不再是曾经的那个人。

元稹也不例外。

她终于成了第二个薛涛。可她，无法像薛涛那样潇洒，她选择了玉石俱焚。她跳到河中，把无尽的伤心和爱恋，都留在了深深的水里。

在对的时间，遇到对的人，是一场圆满；在错的时间，遇到错的人，是一声叹息。可如果让刘采春再选择一次的话，她一定还是会再飞蛾扑火一次，从平淡无奇的生活中挣脱出来，只要那七年的甜蜜和宠爱。

真正的爱，不在乎绵长，而在乎热烈。即使，最后的结果，让人潸然泪下。

刘采春（生卒年不详），越州（今浙江绍兴市）人，中唐时期江南女艺人，伶工周季崇之妻，既擅长参军戏，又会唱歌。

元稹（公元779年—831年），字微之，别字威明，洛阳（今河南洛阳）人。唐代著名文学家、诗人，和白居易并称为“元白”。

浓情誓言总无声

有些人的誓言，只是亲热时的敷衍；

有些人的誓言，却用自己的生命去兑现。

唐中宗李显，就是用生命去兑现誓言的人。

他也许不是一个好皇帝，却是一个忠贞的好爱人。

他是武则天的儿子，她是他的妻子。

他很爱她。

他登上皇帝的宝座后，忙不迭地封她的父亲为刺史，还想封她的父亲为宰相，可大臣们着急了，劝说道，这可万万不能。他气愤至极，拍着龙椅说，当个宰相又如何？我要是高兴了，就把皇帝的位子让给他坐。

就这一句话，让他身陷尴尬。他的母亲武则天立刻将他的皇位废了，让他带着她，到天高皇帝远的湖北，做了凄苦的庐陵王。

在湖北，他们担惊受怕，因为他的母亲当上了女皇帝，而且在

大肆杀害他们李唐宗室的人，以及拥护他们的人。也许有一天，他的母亲就会派人来，取他们的头颅。

他整夜睡不着觉，在恐惧之中生活。她安慰他，鼓励他，逗他开心，和他相濡以沫。他感动至深，两情缱绻之时，他对她说，谢谢你，如果我能重新当皇帝，无论你做什么错事，我都不会惩罚你。

艰苦的日子就这样过了15年，他终于迎来了翻身的时刻，他又坐上了皇位。他立刻就把她的父亲追封为王，将她封为皇后。

可是，她已经变了，再也不是以前那个温柔顺从、低眉顺眼的小女人。她挥霍无度，淫乱无常，和武三思勾搭成奸。可他什么也不说。她和武三思在一起眉来眼去玩乐之时，他还给他们端茶倒水。有个叫韦日将的人上书向他报告皇后和武三思的事情，他反而将韦日将赐死。他不允许任何人说她的坏话。

她越发有恃无恐，和好几个男人纠缠在一起。而他，只当什么都没有发生。

她的欲念更加贪婪，她也想像婆婆一样做女皇帝，可如果这样，那么他就必须死。于是，她在给他吃的馅饼里下了毒，并亲自喂他吃下。

她最终只当了19天的女皇帝，可他却为此付出了自己的生命。也许，在吃下毒饼的那一刻，他心里是知晓一切的吧。

唐中宗李显（公元656年—710年），原名李哲，唐高宗李治第七子，武则天的第三个儿子。他前后两次当政，是唐朝的第四位

和第六位皇帝，共在位5年。

唐中宗皇后韦氏（？—公元710年），京兆万年（今陕西西安）人，唐中宗李显的第二任妻子。其私生活极不检点，后被李隆基杀于宫中，并被追贬为庶人，称“韦庶人”。

为遣相思梦入秦

年少的时候，谁不曾轻易许下诺言？

有时候，那些诺言就像叶子一样飘散在风中，

说的人，听的人，都早已忘记了。

可总有一些人，因为深爱，所以牢记，

直到生命消逝，也不肯遗忘。

年轻时候的韦皋，生活并不如意。他在别人家里做老师，教东家的儿子念书。

他来的时候，她，玉箫才只有10岁，是东家儿子的贴身丫鬟，每天端茶奉饭给这个青年。

她慢慢长大，变得如花似玉，心里有小小的种子在发芽。

他搬到了寺庙去居住，她仍常常去看他。在江边，他们私订终

身，度过了一段缠绵多情的日子。

可好男儿志在四方。韦皋的叔父写信来，让他回家。他在船头焦急地等她前来送行，她飞奔而来，一双泪眼模糊了视线。

他把一只玉指环戴在她手上，深情地说，你等着我，少则五年，多则七年，我一定会来娶你的。

就这样，黄鹤一去不复返。

他回到家中，在家人的安排下进入了官场，一切顺利，他飞黄腾达了。每日锦衣玉食，他早已忘记了年少时候的佳人，和生离死别时的誓言。

许多年过去了，他官运亨通，已经是刺史。

那一日，他审了个冤案，这个冤案的主角，竟是他年少时的学生、东家的儿子。

他想起了玉箫，问起她的具体情况，没想到，东家的儿子竟然泪流满面。

原来，自从他走了之后，她就每天盼着他回来娶她。日月如梭，他却一直不见踪影。在和他的约定七年过去之时，她不再吃饭，就这样活活地饿死了。死时，她手上还紧紧攥着他送给她的指环。

他听了之后，不禁呜咽，悲痛自责之中，写下一首诗：

黄雀衔来已数春，别时留解赠佳人。
长江不见鱼书至，为遣相思梦入秦。

年少的时候，谁不曾轻易许下诺言？有时候，那些诺言就像叶子一样飘散在风中，说的人，听的人，都早已忘记了。可总有一些人，因为深爱，所以牢记，直到生命消逝，也不肯遗忘。

韦皋（公元746年—806年），字城武，唐朝京兆万年（今陕西西安）人，曾任左金吾卫将军，迁大将军，贞元初任剑南西川节度使。因辅佐太子登上皇位，他被封为南康郡王。

玉箫（生卒年不详），侍女，韦皋曾经的恋人。

别后相思隔烟水

也许，在另一个世界里，没有那么多清规戒律吧，
他们再也不用担心一个是官、一个是妓，
而不能结合。
那时候，他的身边，再也不会有那么多莺声燕语，
他该好好爱她了吧，就像她只爱他一样。

万里桥边女校书，枇杷花里闭门居。
扫眉才子知多少，管领春风总不如。

这是李白眼里的她——薛涛。

她是锦衣玉食的官宦家小姐，冰丝鲛绮，巧丽清奇。只因父亲做官亏空钱粮，她也受到牵连，被充作官妓。还好，她遇到了韦皋。韦皋见她容貌清秀，文采出众，就让她做了自己的女校书。这个 40 多岁的男人无比地宠爱她，还打算向朝廷推荐她当校书郎，只因后来别人说不合大体，这才作罢。

她感激韦皋，用身体报答了韦皋。这一年，她只有15岁。可是她并不爱韦皋，韦皋像父亲，像兄长，就是不像情人。

她像交际花一样周旋在达官贵人之间，红极一时。韦皋吃醋，她也不管。韦皋生气地把她发配到军营，但很快又心疼她，召她回来。

只是，她依然不爱。

她35岁的那一年，韦皋离开了人世。她并没有太多的悲伤。只是，她在狂蜂浪蝶中过了20年，却从没有遇到过一个中意的男子。

几年后，他——元稹出现了。

元稹看见薛涛的时候，不由得惊呆了。他早已听说过她的盛名，拜读过她的诗篇，了解过她的风雅，可没想到，当这个女人真真切切地站在他面前时，他依然被她的美艳光彩所震惊。

而她也几乎在看见他的一瞬间就爱上了他——年轻、挺拔、伟岸、美男子。

他们同居了。她41岁，他30岁，他们之间的距离，是11个年头。

可爱情来了，什么也无法阻挡。她写下了甜蜜的诗句，“双栖绿池上，朝暮共飞还”。他们如影随形。

只可惜，这样的日子只有3个多月，元稹就要离开了。他不敢跟她说自己要走了，只是偷偷地留了一首诗给她，称赞她堪比文君。

她涕泪俱下，写下“闺阁不知戎马事，月高还上望夫楼”。可元稹离梦杳如关塞长，一去再不复返了。

从此，薛涛再也没有出入于那些酒红歌绿的场合，而是搬到了浣花溪边，安心地制作那些粉红色的纸笺。

元稹的妻子西去，他又重娶了美娇娘，身边围绕着歌妓、婢女，数不胜数。可他还是给她写信，她也给他回信，只是他们却永远也走不到一起了。

元稹 52 岁的时候，忽然暴病而亡。第二年，终身未嫁的薛涛，也郁郁而终了。

薛涛（约公元 768 年—832 年），唐代女诗人，字洪度，长安（今陕西西安）人。八九岁能作诗，父亲入蜀做官，不幸去世，薛涛和母亲流落蜀中，沦为歌妓。她善音律，能诗词，创造了“薛涛笺”。

元稹（公元 779 年—831 年），唐代中晚期著名诗人，字微之，别字威明，洛阳（今河南洛阳）人。唐代著名文学家、诗人，和白居易并称为“元白”。

千金难买有情郎

对于鱼玄机，什么样的珍宝，
都比不过一个只爱自己的有情郎。
而对于每一个视爱为生命的女人，
又何尝不是如此呢？

自古佳人多薄命，闭门春尽杨花落。鱼玄机，就是这样的薄命佳人。

5 岁的时候，她就能背诵上百首古诗；七八岁，她吟诗作赋，顺手拈来；11 岁，她的诗作在长安城的文人墨客手中流传。“色既倾国，思乃入神”，这是晚唐文学家皇甫枚给她的评价。

她 13 岁时，父亲去世了，落魄的她和母亲住在城外，靠给人洗衣度日。不久，她遇到了贵公子李亿。郎情妾意，你侬我侬。她把所有的爱都给了他。谁料，好花不长开。他的原配夫人裴氏发现了他们双宿双飞，顿时雌怒大发，带领家眷将他们同居之室砸得七零八落，又对柔弱清瘦的她拳打脚踢，百般折磨。

他被迫与她分开，将她安置在城外的道观中。初始，他还来探望她，渐渐地，竟销声匿迹。枕上潜垂泪，花间暗断肠。如花的岁月，就在这青灯古刹中凋零。她盼着，望着，思君犹如西江水，滔滔东流无已时。可望穿秋水，也不见情郎的身影。但是她还有倾城美貌，还有横溢才华，令许多男子慕名而来，想要一亲芳泽。

绝望的她，开始与那些庸物纠缠，才貌双全的她很快声名鹊起，众多的达官贵人、名流骚客，为她痴狂。她堕落成了烟花女子，强作欢颜在狂蜂浪蝶之间。却没有人知道，她的心里在流着泪，流着血。

夜晚，她写下无数的诗句，写下她对他的无数爱，无数怨，无数恨，无数泪。无论她交往了多少男人，她的心里都只有他。

后来，她认识了一个男人，和他长相相似。她把所有对他的情感，寄托在这个“他”的身上。她把这个男人，当成了他的影子。可是，没想到这个男人却背着她，与她的小婢女纠缠在了一起。她绝望到窒息，酒醉之后，盛怒之下，她失手打死了小婢女。

她被判了死刑，这一年，她只有27岁。

依稀仿佛还记得，她在紫薇花下写就的《赠邻女》：

羞日遮罗袖，愁春懒起妆。

易求无价宝，难得有情郎。

鱼玄机（公元844年—871年），字幼薇，一字惠兰，长安（今陕西西安）人，晚唐女诗人、名妓，后出家为道士，与李冶、薛涛、刘采春并称“唐代四大女诗人”。《全唐诗》中收入其诗作50首。

西湖花鸟莫相思

有人笑她愚昧，有人怜她痴狂，有人叹她可惜。

可是，每个怨女都以为和自己相遇的那个男人，

就是命中注定要携子之手、与子偕老的人，

就是自己生生世世要追随、要付出、要厮守、要为之倾尽一切的人。

可惜，愚钝的男人并不这么想。

她是清代才子袁枚的妹妹，是伶俐灵动、美貌如花的杭州女子。袁枚称赞她说：“解读诗书性最淳，每从谈论见丰神。若为男子真名士，使配参军信可人。”

她4岁时，父亲为她订下一门娃娃亲，孰料男方长大后，生得粗鄙不堪，斜眼、弓背、矮小，而且性情暴躁，五毒俱全。虽然男方父母不让袁机嫁给自己的儿子，可袁机却认为女子只能从一而

终——病，我侍之；死，我守之。袁机手拿男方当初给的订婚金锁，不吃不喝，啼哭不已。家人只好应允了。

袁机就这样嫁为扬州妇。可是，那夫婿真的枉为男子。他不让袁机做针线，袁机就停了女红；他把她的诗文毁掉，她就停止吟诗；他还把她的嫁妆全都拿去卖掉，做了赌资，输光了，便打她、骂她，还拿火烧她。袁机的孝顺、伶俐赢得了婆婆的喜欢，婆婆很心疼这个儿媳妇，便过来阻止，没想到，那个可恶的男人竟然连母亲的牙都打掉了。

袁机生了一个女孩，可惜这个孩子天生是个哑巴，她的心都要碎了。可这男人根本不管这些，他竟然要把她卖掉。她无奈，只好逃走了，栖息在尼姑庵中。袁机的娘家知道了这一切，连夜赶到扬州，告到官府，让他们离异，把袁机领回了杭州。

袁机穿素衣，绝荤腥，拒丝竹，给自己取名“青琳居士”，过着像寡妇一样的生活。时不时，她还想念自己的婆婆，“欲寄姑恩曲，盈盈一水长。江流到门口，中有泪双行”。她还惦记着那个对她不好的丈夫，还把他当作丈夫看待，并托人给他带去衣物食品。

不久，那个男人死了。当死讯传来时，袁机心如死灰，写下了《悼亡诗》，“䏝合三生幻，双飞一梦终”，“旧事浑如昨，伤心总问天”。不到一年，她竟也郁郁而终，死时只有40岁。

袁机（公元1720年—1759年），别号青琳居士，浙江钱塘（今浙江杭州）人，18世纪文坛领袖之一袁枚的三妹，世称“袁家三妹”之一（四妹袁杼、堂妹袁棠）。其著有《绣余吟稿》《盈书阁遗稿》《素文女子遗稿》。

空有当年旧烟月

出轨，也许只是男人肉体上开的一个小差，

可对于女人，却是致命的打击。

因为女人的身体和爱，紧紧相连，永不分开。

她的父亲是朝中重臣，出身名门的她，不仅姿容绝代，而且才华横溢，能将失传已久的《霓裳羽衣曲》完整地复原。

她本来是他父亲的宠姬，可他父亲却把她赐给了他，因为觉得他们非常般配。

她双目流盼，纤秾挺秀；他骈齿重瞳，风神秀逸。

她弹得一手好琵琶，常常乘兴创作。一个雪夜，他们微醉，他横卧在软榻上，她邀请他起来跳舞。他撒娇说，你给我写一首曲子，我就起来。她稍作思索，便写出了《邀醉舞破》。他看到她宛如天仙的样子，也写了一首《一斛珠》说她：绣床斜凭娇无那。他说她，斜托香腮春笋嫩。

一对才子佳人，俊男靓女，是那般情投意合、如漆似胶。

后来，他做了皇帝，她自然就成了皇后。他的眼中没有那些三宫六院七十二嫔妃，只有她。他们恩恩爱爱，旖旎绮丽，转眼，就是10年。

他们有了三个粉雕玉琢的儿子，她尤其爱最小的那个，事事亲历，鞠躬尽瘁。因为劳累，她终于病倒了。为了让她好好休息，众人将她4岁的小儿子送到另外一个宫殿，谁料到小儿子却忽然暴病身亡。她的世界几乎崩溃了。

他衣不解带，朝夕相守，所有的药他尝了之后，才喂给她。

她很快容颜憔悴，不再是以前那个翩翩的仙女了。

这时，比她小14岁的妹妹进入宫中。15岁的妹妹活脱脱是姐姐的翻版，虽然才华逊色许多，可容貌，是那样出尘脱俗，宛若仙子。

他一直专宠她，没有多看过别的女人一眼，可她病了，妹妹的出现，让他眼前一亮。小美人儿刬袜步香阶，手提金缕鞋，跑来和他偷情，任他肆意怜爱。

她知道了他们的香艳之事，顿感晴天霹雳。

她对他说，你疼爱了我10年，作为女人，已经够幸运的了。是我对不起你，孩子死了，我病了，再也没有什么可以报答你了。

说完这些，她为自己沐浴更衣，往口中放入一只玉蝉，不久就香魂归西了。

珠碎眼前珍，花凋世外春。未销心里恨，又失掌中身。他痛苦

至极，他似乎看到她含颦发笑，擢秀腾芳；听到她情澜春媚，爱语风香。一个月后，当他出现在葬礼上时，这个曾经明俊蕴藉的翩翩公子，已经形销骨立，面黄肌瘦，必须要人扶，才能站立得稳。

后来，他写了许多许多怀念她的词篇，可是，她再也看不到，听不到，感觉不到了。

李煜的周皇后，纵使她有再多的才情和美貌，可在爱情上，她和所有的女人没什么区别。

李煜（公元937年—978年），初名从嘉，字重光，号钟隐，南唐第三任国君，史称李后主。他精于书画，谙于音律，工于诗文，词尤为五代之冠。后人将他与李璟的作品合辑为《南唐二主词》。

周娥皇（生卒年不详），五代末年南唐国主李煜的皇后，姓周，名宪，字娥皇。

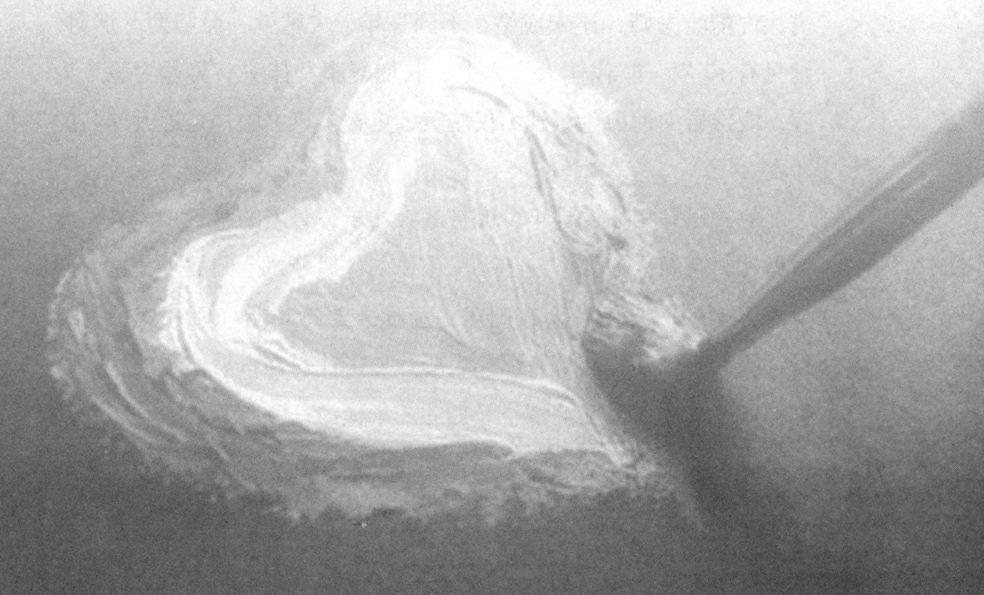

只愿白头不相负

她一生所有的诗句，都是写给他的。
虽然，他几次三番地负她，
可她，依然跟定他，深爱他，
在他离开之后，刻骨铭心地怀念他。

她，卓文君，是临邛第一大美女、大富豪卓王孙的女儿。可惜，许配给夫婿，还未成婚，不到一年，夫婿就一命归西。那时，她只有17岁，旷代佳人十六七，肤如凝脂发抹漆。芙蓉为脸玉为容，淡拂眉尖远山色。她不仅貌美，更擅琴棋书画，是远近闻名的才女。

他，司马相如，是年少孤贫的大才子，著名的辞赋家，来到她家做客。席间，他弹了一首《凤求凰》，“凤兮凤兮归故乡，遨游四海求其凰……有艳淑女在闺房，室迩人遐毒我肠。何缘交颈为鸳鸯，胡颉颃兮共翱翔！”那样大胆热烈，让躲在帘后偷听的她，看到他一表人才，风度翩翩，又如此才华横溢，顿时芳心大动，脸热心跳。

可他那样家贫，他一直是一位王爷的门客。王爷死后，他零落漂泊，到处讨生活。她的父亲根本不许她如此胡闹。她果断地跟他私奔，不顾一切。

回到成都他的家里，果然家徒四壁，一无所有。而她却毫不嫌弃。她当掉车马，开起一家酒铺。用霜雪般的皓腕，当垆卖酒，而他扎上围裙，跟着伙计们洗碗洗碟。她的父亲听说后，感觉无颜见人，只好给了他们一些钱财，分给他们一些马匹和佣人，从此，他们才过上了富足的生活。

不久，他被皇帝召走，就这样一别五年。他在长安被拜为郎官，踌躇满志。而她日思夜盼，没料到却盼来了丈夫的一封家书，上面只有“一、二、三、四、五、六、七、八、九、十、百、千、万”几个字。她立刻明白，这么多数字，却没有亿（忆），他对她已无情意。她和着血泪，写下了一阕词：

> 一别之后，两地相思，说的是三四月，却谁知是五六年。七弦琴无心弹，八行书无可传，九连环从中折断。十里长亭望眼欲穿。百般怨，千般念，万般无奈把郎怨。万语千言道不尽，百无聊赖十凭栏。重九登高看孤雁，八月中秋月圆人不圆。七月半烧香秉烛问苍天，六月伏天人人摇扇我心寒，五月榴花如火偏遇阵阵冷雨浇花端，四月枇杷黄，我欲对镜心意乱；急匆匆，三月桃花随流水；飘零零，二月风筝线儿断。噫！郎呀郎，巴不得下一世你为女来我为男。

他看了这首词，深感对不起她，于是亲自回家，将她接到长安。

只是，他也犯了所有男人都可能犯的错误，想要纳妾。此时，她朱颜已改，韶年不再，转眼，就要成为晴时伞，冬日扇。她先写下了《白头吟》，“愿得一心人，白首不相离”。可转眼，她又写了《诀别书》：“朱弦断，明镜缺，朝露晞，芳时歇，白头吟，伤离别，努力加餐勿念妾，锦水汤汤，与君长诀！”既然他不再爱她，放手是最好的选择。只是，她竟还在安慰他。

他不忍再伤害她。他回头与她恩爱，与她白头，两人又平静地过了十年。

他终于先她而去。她悲恸不已，写下一首凄凄凉凉的《雨霖铃》：

风雨凄切，对古道亭，青空万丈，问君何处无绪。只数情，留恋处，芳草无声。心酸头昏泪眼，无人来牵念。念去郎，万里烟波，朝雾漫漫随波荡。

多情自古难别离，怎堪那，冷落愁滋味。曾经凤凰何处？凤求凰，已是回忆。黄花已落，此时良辰有怎奈何？总有那刻骨英情，又对何人说？

第二年秋天，她便在满目苍凉中追随他而去了。

她一生所有的诗句，都是写给他的。虽然，他几次三番地负她，可她，依然跟定他，深爱他，在他离开之后，刻骨铭心地怀念他。爱情，对男人是可以一来再来的游戏，对女人，却是一生一世、永不离弃的生死相许。

司马相如（公元前179年—公元前127年），字长卿，小名犬子，蜀郡（今四川成都）人，西汉大辞赋家、音乐家。他曾作赋29篇，后人称之为“赋圣”。

卓文君（生卒年不详），汉代才女，西汉临邛（今四川邛崃）人，有不少诗词留世。

空谷幽兰自含芳

痴情并不是错，可对于有的男人来说，
无论你痴情、啼血、心碎、生死相随，
都与他毫不相干。
痴情无尽时，莫对负心郎。
否则，就是自己在唱独角戏，
就是枉然空叹自含芳。

“空谷幽兰”这几个字，犹似一出世，便是为她准备的。

马湘兰，她是秦淮八艳中最特别的一个。她没参与过政治，也不是那么漂亮，还有一双大脚。可是，她气质脱俗，舞姿绝代，才情出众，尤其是画兰花时如有神助。

她得罪了小人，身陷囹圄，披发徒跣，目哭皆肿，却没有人怜香惜玉。

名满吴中的才子王稚登救了她。不仅仅是感激吧，他们琴瑟相和，才情般配，好似天生绝配。那一年，她30岁，他43岁。

她想嫁给他，和这个心心相印的人永生永世不分离，于是写了一首又一首诗，向他表明心迹。可他却推托了，说自己才学疏浅，前途无望，给不了她幸福。她常大醉，写下对他的盼望：

时时对萧竹，夜夜集诗篇，
深闺无个事，终日望归船。

所有不愿意娶对方的男人，都是因为爱得不够吧，而给不了对方幸福，是最冠冕堂皇的理由。王稚登，只是不愿意娶她而已。

他为了逃避她，跑去了苏州，她依然在秦淮河畔，枕上潜垂泪，花间暗断肠。她只能和他鸿雁传书，一传就是30年。她依然是风华绝代的佳人，而且经年不变，容颜依旧。就算她50多岁的时候，依然是那样动人，以至于一个少年对江发誓，一定要娶她为妻，后来官府出面，才令这位少年离开。不是没有人爱她，也不是没有人娶她，而是她的心里，一直藏着王稚登。不管他是否娶了别的女人，还有别的红颜知己，30年来，她始终未变。

等到他70岁之时，已经是人生古来稀。他写信给她，想要了结这30年的尘缘。

她买了一艘船，带着十几位粉黛，去给王稚登祝寿。她们通宵达旦地唱歌饮酒，为他庆祝。许多人都来争睹她不老的容颜。而她

的眼中只有他。

没想到，他却轻佻地说："你还是美艳的夏姬，而我却做不了巫臣。"

那些爱，刹那在她的心中凋零。她以为自己是他的红颜知己，却不知道，自己竟只是一个如荡妇夏姬一样的女人。

回到金陵，她便一病不起，不久就在满室的兰花中香消玉殒了。这一份她整整守护了30年的尘缘，也就这样随风飘零了。凄凄切切，冷冷清清，红颜已断何处寻。

王稚登（公元1535年—1612年），师从位列"江南四大才子"之一的文徵明门下，是明末吴门领军人物，书法一流，诗文高超。

马湘兰（公元1548年—1604年），名守真，字湘兰，小字玄儿，又字月娇，因在家中排行第四，人称"四娘"。她是明代南京著名的优伶，"秦淮八艳"之首，明代的女诗人、女画家，尤擅画兰竹。

愿随明月到苍山

问世间情为何物，直教人生死相许。

三生石上，刻下了我们的名字，也留下了我们的誓言。

从此，血脉相连；从此，同生共死。

如果你已离去，

我绝不愿苟活——愿化浮云随风散，不做人间寂寞魂。

为爱而生，为情而死，人生才得圆满。

也许，生生死死相依，才能生生世世相随。

万般皆下品，唯有情最高。

和爱相比，命何其轻。

亲爱的，请让我追随你，

上穷碧落下黄泉，我也要找到你。

欲随明月到苍山

多少痴情中的女子，
只一眼，就跟定了那个男人一辈子，
无论那个男人贫贱、富贵、生死，
她都毫不犹豫地追随。

“巧笑倩兮，美目盼兮”，说的就是她吧？阿盖郡主——在元代，她是远近闻名的蒙古美女，有着尊崇的身份：她的父亲，是云南的蒙古王梁王。

她是全云南，是整个蒙古贵族男子们辗转反侧、梦寐以求的佳人。

可她嫁给了段功。

那时，段功还是大理总管，由于在战事危急时立了大功，打败叛贼，收复了云南失地，梁王在府邸摆下庆功宴，犒劳段功。

美丽的阿盖郡主躲在屏风后面，偷偷瞥了一眼段功，只是那一

眼，却胜过千年。她如痴如醉地爱上了清秀斯文的段功，似乎，她在前世就认识他，爱过他，和他携手一起走过。可少女的眷恋，只能深深掩藏在心里。也许庆功宴过后，他就要离开了。

老天扎份口总是会眷顾有缘分的人。段功的脚在战争中受伤了，梁王特允他留下来，而且亲自帮他包扎伤口，还封他为自己的宰相，就这样，段功留在了梁王府。

阿盖郡主禁不住满心欢喜。随着和段功的相处，她越来越喜欢他，终于，她不顾一切地嫁给了他，甚至顾不上他已经有妻室、儿女。她只要和他相守，就够了。

段功也爱这个美丽又热烈的蒙古美女，为了报答她的一片痴情，也为了报答梁王的知遇之恩，他以自己的才干和魄力对云南改革提出了自己的见解，顿时，整个云南法纪严明，井然有序，得到了许多人的支持。

也有一小部分违法乱纪的人心怀戚戚，他们嫉妒段功既得到了美人，又获得了大权。他们联合起来，不断地在梁王面前说段功的坏话。渐渐地，被迷惑的梁王感觉到段功的存在对自己是个威胁，最后，糊涂的他设计要除掉段功。

段功恰好去大理接自己的妻儿，梁王将一瓶孔雀胆交给女儿阿盖郡主，对她如此叮咛一番，让她一定照办。阿盖郡主顿时感觉到天旋地转，一个至亲，一个至爱，她该怎么选择？可任凭她怎样劝阻、哭求，梁王决心已下。

段功欢欢喜喜地接回了妻儿，以为从此妻儿满堂，郡主相伴，等待自己的是享不尽的天下温情，不料阿盖郡主告诉他的却是一个晴天霹雳。阿盖郡主让段功赶快逃命，可段功却说，男儿大丈夫光明磊落，怎么能做出这等事情？他以为，他能说服梁王。

梁王见女儿没能狠心毒死段功，于是就设计找人诱他前去，并捕杀了他。

阿盖郡主看着爱人撒手人寰，心如刀绞，但此时她忍受着锥心的疼痛，将段功的原配妻子和两个儿女乔装了一番，送出了梁王府。之后，她放声大哭，写下一首绝命诗，说道："夫君，你去了，我也不能独活！"然后，她毫不犹豫地喝下了父亲给她的孔雀胆，绝代佳人，瞬间玉殒香消。

当梁王指挥士兵前来捉拿段功的儿女时，却只看到自己女儿那凋零的身体，还有她留下的绝命诗：

吾家木在雁门深，一片闲云到滇海。
心悬明月照青天，青天不语今三载。
欲随明月到苍山，押不芦花颜色改。
可怜段家奇男子，施宗施秀同遭劫。
云清波粼不见人，泪眼婆娑难自解。
骆驼背上细思量，西山铁豆霜萧瑟。

阿盖郡主（生卒年不详），元朝时统治云南的蒙古贵族梁王的女儿。她被蒙古人称为"押不芦花"，意思是能起死回生的仙草。

此地空余燕子楼

世间有多少女人，多少痴情，
就这样断送在世俗之中了，
像关盼盼一样，只空空留下无数的燕子楼。

醉娇胜不得、风袅牡丹花的关盼盼出身书香门第之家。她能唱白居易的《长恨歌》，还能跳只有杨玉环才会的《霓裳羽衣舞》，多少才子公孙，都对她艳羡不已，盼望她青眼相加，垂青自己。

可惜，关盼盼家道中落，做了歌妓。凤凰落地，不如野雉。苍天可怜见，徐州太守张愔懂她、怜她、爱她，可是也只能娶她做妾。

张愔虽然是武官，却喜欢舞文弄墨，虽然他家中有众多妻妾，他却唯独钟情关盼盼。他爱她貌美如花，他爱她舞姿如柳，他爱她诗情才高，他把所有的宠爱全都给了她。

他在郊区给她建了一幢小楼，门前是潺潺流水，后面是青山无限。因楼前常常有燕子盘旋飞过，于是，他给这座小楼取名“燕子楼”。他们的爱，令大名鼎鼎的白居易，都羡慕不已。

也许，是天妒红颜吧，这样美好的生活，关盼盼只过了两年，张愔便因为疾病，溘然长逝。

张愔的妻妾们瓜分了家中的财产，纷纷散去。依然年轻貌美的关盼盼，却选择了为张愔守寡。

她来到燕子楼，不再梳妆打扮，不再琴棋书画，从此寒塘渡鹤影，冷月葬花魂，过起了与世隔绝的寂寞生活。陪伴她的，只有以前无尽的甜蜜。10余年的岁月，就这样悄悄溜走。

白居易知道了她的事情，亲自写了诗给她，其中一首是：

黄金不惜买娥眉，拣得如花四五枚。
歌舞教成心力尽，一朝身去不相随。

看完，她泪如雨下。白居易分明是说，既然能守寡10年，还不如追随他而去。

其实，在他逝去之后，她何曾没有想到与他一同离去，与他长守于黄泉之下。只是，她不愿意让他背负让她殉情的名声，怕玷污了他的清白。只是，白居易并没有理解她的用心良苦。

关盼盼心碎肠断，从此拒绝进食。10多天后，她便红绡香断，溘然离世，只留下她对张愔那炽热的爱，和一曲无尽的悲歌。

关盼盼（公元785年—820年），唐朝女诗人，名妓，兼善歌舞，武宁节度使、徐州守将张愔之妾。

张愔（？—公元806年），唐代大臣，南阳人，张建封之子，唐德宗时右骁卫将军、徐州刺史。

相思树上话凄凉

问世间情为何物？直教人生死相许。

情，就是无论时空、富贵、权势、生死，

都无法阻挡。

情，就是即使死了，也要向对方走去，和对方在一起。

他们家境贫寒，却恩爱无比。

不料，秀丽婀娜、摇曳生姿的她在采桑时，被宋国的康王看中。康王命他献妻。康王本就是一个逐兄篡位的坏蛋，心狠手辣，不择手段。而他乃一介穷士，如何与之抗争，唯一能做的，就是与她抱头痛哭。她说：南山有鸟，北山张罗，鸟自高飞，罗当奈何！乌鹊双飞，不乐凤凰，妾为庶人，不乐宋王。

康王派人抢走了她，为绝后患，罚他做筑城的奴隶。得知此事，她心如刀绞，也许萧郎从此是路人，她永远也见不到他了。她决定以死抗争，于是私下找人带信给他，说：其雨淫淫，河大水深，日出当心。这封信的大意是说，我很忧愁，很想念你，既然不能相见，我以死表明我的心意。

他看到她的信，立刻明白了她的意思，他毫不犹豫地吊死在一棵柳树上，以明其心。

康王得知他死了，非常高兴，命令她做自己的妃子。她平静无比地说道："我要先上青陵台祭奠我的丈夫，然后才能服侍大王。"康王以为她已死心，便应允了。

白衣缟素的她宛若仙子，飘到了青陵台上。就在康王做着怀抱美人的美梦时，她忽然纵身从高台上跳下，侍女连忙去拉她的衣服，却发现她的衣服早已腐朽。原来，她早有准备，筹谋已久。

她的七魂六魄，追随他而去了。她的身上有亲笔写的遗书：王利其生，妾利其死，愿以尸骨赐凭合葬。

可失去了美人的康王恼羞成怒，自己没有得到她，也不想他们夫妻死后团圆，于是故意把他们的坟分开，一个在东，一个在西，让他们在另一个世界也遥遥相望，相思不已。康王说："你们相爱不止，假如能使坟墓合起来，那我就不再阻挡你们。"

不久之后，他们的坟头上各自长出了一棵梓树，两棵树的根缠绕在地下，枝丫盘旋在一起，难分难舍，就像恩爱无比的夫妻。还有一雌一雄两只鸳鸯，经常在树上栖息，早晚都不离开，交颈悲鸣，凄惨的声音很感动人。有人说，那对鸳鸯是他和她的化身，他们从此不再分离。

人们把韩凭和何氏坟上的梓树，称为"相思树"，把他们埋葬的地方叫韩凭城。

韩凭（生卒年不详）：战国时韩国人。

马上时时闻杜鹃

世间少有花蕊夫人这样才貌双全的女子，
却有许多像她一样不畏权贵、忠于内心的女子，
她们为着自己的爱人，自己的知己，
就算死，也会含笑。

她能写一手好词，能跳优美的舞蹈，更有如玉的脸庞和玲珑的身段。14 岁，她进了宫。花不足以拟其色，蕊差堪状其容。蜀国皇帝孟昶见到她，从此再看不上其他女人。

他叫她花蕊夫人，为她描眉，为她写诗，为她在水上建造如梦如幻的水晶宫殿，他觉得这些才配得上她。她喜欢芙蓉，他就下令将城里城外全部种上芙蓉花。芙蓉映面面映花，他常常看得发痴发呆。

她喜欢写词，一首又一首，他爱不释手，让大学士专门编辑成了一本《花蕊夫人宫词》，发行天下，让世人共赏。

情浓之时，他捧着她的笑靥，说：“你是我的贵妃，天下的人都一定非常羡慕、嫉妒我吧？”

宋军破了蜀国，太后劝孟昶自尽，因为，这样至少可以保全一个皇帝的颜面。

可当听到使者说：如果你投降的话，你的家眷都能无事，如若不然，定会全部杀戮。

他回头看看她梨花带雨的容颜，穿上白衣，戴上白帽，把自己绑了起来，出城受降了。

新皇帝赵匡胤被花蕊夫人的美貌震惊，要宠幸于她。7天之后，孟昶忽然死了。也许，他忍受不了她与别的男人肌肤相亲，是心碎而死的吧？

花蕊夫人并没有忘记孟昶，她悄悄画了孟昶的画像，每当到了夜里，就挂起来，对着孟昶的画像诉说自己的想念和伤心。一日，突然被赵匡胤碰到了此景，花蕊夫人说，这是送子的神仙——张仙。

当然，赵匡胤后来还是知道了这件事，盛怒之下，赐死了花蕊夫人。花蕊夫人含笑倒下了。在那一刻，她一定看到了孟昶伸出的，要拥抱她的双臂吧？

花蕊夫人（生卒年不详），后蜀皇帝孟昶的费贵妃，五代十国时期女词人，青城（今都江堰市东南）人。世传《花蕊夫人宫词》100多篇。

孟昶（公元919年—965年），五代时后蜀国君，初名仁赞，字保元，汉族，后蜀高祖孟知祥第三子，在位31年，享年46岁。

他即位初期励精图治，后期沉溺酒色，挥霍无度，连夜壶都用珍宝制成，称为七宝溺器。

玉人西去肝肠断

这个钢铁一般的汉子，
这个在战场上以一当十的勇士，
当他遇到心爱的人时，立刻就化成了一泓水，
虽然他比她大十余岁，
可爱情，是什么也无法阻隔的，
哪怕年龄，哪怕地位，哪怕阴阳。

海兰珠见到皇太极的时候，她已经26岁了。她的姑姑和妹妹都是皇太极的妃子，可皇太极仍然对她一见倾心，不顾一切地要娶她。第二年，海兰珠嫁给了皇太极。从此以后，他的眼里再也没有其他女人了。

他封她为“宸妃”，把她住的宫殿称为“关雎宫”，他给她封的地位仅次于皇后。这个“宸”字，是北极星的意思，引申为帝王。当年武则天做宠妃的时候，想要这个名号，可是遭到了所有人的反

对，而他却给了她。她生了一个孩子，他大摆筵席，大会群臣，同时大赦天下。可惜，这个孩子2岁时便夭折了。海兰珠伤心欲绝，彻夜哭泣，从此一病不起，32岁的时候，她撒手归西。

当时，皇太极正在战场上打仗，忽然收到急报说宸妃病危，一夜之间，他白了头发，不顾一切地返回宫中。

可海兰珠已经走了！他抱着她冰冷的身体，悲痛欲绝，号啕大哭。

他追封她为“元妃”。要知道，只有第一个正妃，才能得到这个殊荣，可是他不管。在他心里，她就是自己的第一个女人。他不要那些规定，不要那些戒律。他封给她最长的名号，给她国葬的礼遇。

他每一周，每个月，每一季都要举行对她的祭奠仪式，每年清明和年底都举行大祭；每当他经过她的墓地，都要从马上下来，放声痛哭许久，才依依不舍地离去；他常常因为思念她而过度悲伤，晕倒过去。

子规啼破梦断处，红颜已去求不得。从此，骁勇善战、一生戎马倥偬的皇太极，再也没有上过战场。渐渐地，悲伤侵蚀了他的身体，他甚至连日常政务都无法料理了。在她走后两年，他终于随她而去。

皇太极（公元1592年—1643年），爱新觉罗氏，满族，清代军事家、政治家，清太祖努尔哈赤第八子。他在位期间，发展生产，增强兵力，建立了大清国。

海兰珠（公元1609年—1641年），被皇太极封为宸妃，孝庄皇后的姐姐，比孝庄晚嫁皇太极9年。

海棠开处燕来时

爱就是在一起，无论生老病死。

就算肉体已经分离，

灵魂也会交错时光，紧紧地拥抱在一起。

与君相见即相怜。

她，贾蓬莱；他，上官粹奴。他和她两家是世交，从小，父母就将他们指腹为婚。

到了男婚女嫁之时，他的父亲却被无缘无故罢官了，她的父亲于是悔婚，把她许配给另一个官宦子弟。

他心灰意冷，却无计可施。

她却胸有成竹，写了表明心迹的诗给他：

朱砂颜色瓣重台，曾是刘郎旧看来。

只好天台云里种，莫教移近俗人栽。

她要争取自己的幸福。

看到她依然爱自己，他心花怒放。上元节，他跟在她的轿子后面，大声说道：

> 天遣香街静处逢，银灯影里见惊鸿。
> 采舆亦似莲山隔，鸾鸟西飞鹤自东。

他全然不顾周围惊异的眼神，不顾她母亲的唾弃。他对她母亲说，我们是两情相悦的，请成全。

不久之后，她的那个准丈夫忽然患瘟疫死去，他们之间没有了障碍。

海棠开处燕来时，只折东风第一枝。他和她终于结为伉俪，幸福无比。隔年，她诞下稚子，一家三口，如蜜似糖。

可惜，这样幸福的生活太短暂了。

元朝末年，贼人流寇多如牛毛。一天夜里，一群匪贼摸进了他们家，将他们家的细软财物统统掳走，全家大小全部杀光。她亲眼看到匪贼头子杀掉了他和自己的幼子。

她是如此花容月貌，匪贼不舍得杀她，要她从了自己。

她冷静无比，说：只要将军葬好我的家人，奴家一定好好服侍你。

贼人掩埋了她的全家，最后一个，是他。

她忽然飞奔过去，跳进他的墓穴里，将一把刀插在自己的胸口，凛然而去。

匪贼恼羞成怒，将她从他身边拉出来，埋在了离他 50 米的地方。

多年过去了，当人们来到当初埋葬他们的地方时，发现有两棵树分别从远处生长出来，可它们的树冠却紧紧连在一起。任谁，也无法将它们分离。

贾蓬莱（生卒年不详），元朝福建人，擅长作诗，有作品收录于《闽杂记》。

落花犹似坠楼人

不是每一个男人，都会像石崇一样，
即使死，也不会把自己心爱的女人让给另一个男人；
不是每一个女人，都会像绿珠一样，
即使死，也不会苟且于另一个男人的身下。

绿珠就像一颗稀世明珠，俏丽如三春之桃，清素如九秋之菊。看到她的男人，都会失魂落魄。

连当时天下闻名、富可敌国的大富豪石崇也不例外。

石崇将她娶回家中，做了小妾。可她跟别的小妾不一样，她不仅美丽动人，水是眼波横，山是眉峰聚，而且，霓裳一曲频频舞，竹笛轻扬声声诉。多才多艺的绿珠，令石崇深深地痴迷、倾心、沉醉。

石崇给她造了金谷园，里面有百丈高楼，以方便她站在上面，遥望故乡。楼前，是美丽的荷花池，让绿珠时时有回到童年的感觉。金谷园中，有世间罕见的宝贝，玛瑙、琥珀、象牙、犀角，如她一样，精致而独特。珠宝、美人，是那么相得益彰，可是，也引起了他人的嫉妒。

从来都是英雄难过美人关吧。将军孙秀见过绿珠之后，就再也忘不掉她，他绞尽脑汁，想要把她据为己有。终于，石崇倒台了，孙秀来要绿珠。石崇叫来所有的奴婢任孙秀挑选，可孙秀只要绿珠。

石崇说：不，绿珠是我最爱的女人，我不会给你。

于是，孙秀唆使皇上杀了石崇。

当杀手到达的时候，石崇哭着对绿珠说：绿珠，你是我最爱的女人，就算是杀了我，我也不会让别人带你走。

绿珠泪流满面，说道：君之恩情，无以回报，只能以死相谢。说完，她便从万丈高楼上纵身跳下。真是“辞君去君终不忍，一旦红颜为君尽”。

石崇（公元246年—300年），字季伦，小名齐奴，渤海南皮（今属河北）人。他是西晋文学家、富豪、士大夫、荆州刺史，西晋文学团体“金谷二十四友”巨子。

绿珠（？—公元300年），今广西博白县双凤镇绿罗村人，西晋石崇的宠妾。

断肠人在君王侧

没有人知道孟才人是为何断肠而亡的，
但人人都说她是殉情而死。

唐代的宫女，人人都会唱《何满子》：故国三千里，深宫二十年，一声何满子，双泪落君前。

可孟才人从来不唱，因为她觉得这首歌太忧伤、太沉重。她是唐武宗深深宠爱的才人，她歌喉如黄鹂，舞姿如仙鹤，是那样倾城美好的女子。

一年又一年，唐武宗终于病倒了。他临终的时候，叫来了孟才人，他那样宠她，爱她，可如今，连抚摸一下她那状如柔荑的手，也是那样费力。

唐武宗问她，我快要死了，你怎么办呢?

她哭着说，如果皇上死了，妾绝不独活。

唐武宗说，我从没听你唱过《何满子》。

她不说话，拿过琵琶，开始边弹边唱，唱完一遍，她泪流满面，可她并没有停下来，而是一遍又一遍地唱下去。那样凄凉，那样哀伤，直到最后，她忽然倒在了唐武宗的床前，气绝身亡。

太医说，孟才人是断肠而死。

她到底有多少忧伤，多少悲切，多少难以割舍的情怀和爱恋？

安葬孟才人的时候，由许多人抬她的棺木，可竟然抬不起来，这个娇小的女子内心的怨和爱，竟是那样沉！后来，她的父母家人来了，兴许是因为亲人那些为了她而悲痛号啕的哭声，她的棺木才被轻松地抬了起来。

诗人张祜为她写了一首诗："偶因歌态咏娇颦，传唱宫中十二春。却为一声何满子，下泉须吊孟才人。"

唐武宗（公元814年—846年），名李炎，唐穆宗第五子，母韦贵妃，唐朝第十六位皇帝，享年32岁。

孟才人（？—公元846年），唐武宗的妃子。

为谁断肠为谁去

大部分男人的一生中都有许多的刻骨铭心，
一段一段的情感，一个一个的美人，
装点着精彩的人生。
可大部分女人，却只钟情于一个人，
也许青灯孤影，也许寥落半世，
也许生死相随，可却永无遗憾。
就像为秦观殉情而死的女子，她连名字都没有留下。
可又有什么关系呢?
爱，就是这种让你只想为之付出一切的东西。

他是多情倜傥的山抹微云秦学士，花下重门的风流词人，“苏门四学士”之一。他填的词，有无数人吟咏传诵。

她是郴州一个小小的风尘女子。

他仕途不畅，忧郁难当，落魄万分，来到郴州，却听到她的天籁之音，在唱他的《鹊桥仙》:

纤云弄巧，飞星传恨，银汉迢迢暗度。金风玉露一相逢，便胜却人间无数。

柔情似水，佳期如梦，忍顾鹊桥归路。两情若是久长时，又岂在朝朝暮暮。

他抬眼看她，娇小美丽，妩媚柔情。而她并不知道他就是秦观。他和她谈诗词，她带他到房间，他看到她整整齐齐地抄写了自己所有的词，装订成册，封面上写着《秦学士词》。她诉说着自己的崇拜、仰慕和迷恋。

他忍不住感动了，说，我就是秦观。

她喜极而泣，忙让他上座，并回到里屋，梳妆打扮，盛装而出。她对他表白，表示要将自己的一生奉献于他。

可当时的他，仕途渺茫，前程黯淡，他要去的地方，是偏远的流放地雷州。他给她写下一首词《踏莎行》：

雾失楼台，月迷津渡，桃源望断无寻处。可堪孤馆闭春寒，杜鹃声里斜阳暮。

驿寄梅花，鱼传尺素，砌成此恨无重数。郴江幸自绕郴山，为谁流下潇湘去？

那一夜，香囊暗解，罗带轻分。她泪流满面地对他说道，我将此生此身都付与你，今生不悔。如果你再经过郴州，一定要来找我，我定还在这里等着你。

他含泪南下，一去就是3年。3年里，他潦倒不堪，天涯饮恨，独自凄凉人不问，他已经不敢再想她。

3年后，他终于等到朝廷召回被贬臣子的消息，也许是悲喜交加，他突患急病去世了。

她独自留守在郴州，自从他走后，就再也没有和任何一个男子交往过，虽然，她曾经以此为生。她忽然在一个夜里梦见他来向自己告别，惊醒之后，她到处打听他的消息，终于知道他已经离开了人世。

人不见，水空流，心已碎，泪难收。她一身素衣，日夜兼程地赶去见他，看到他灵柩的那一刻，她大放悲声，跪在地上，悲痛不起。她围着他的灵柩转了三圈，说：秦学士，我已经将终身许给了你，如今你既已走，活着我不能侍奉你，死我亦要与你同行。

不久，她就自缢而死。

秦观（公元1049年—1100年），字少游，一字太虚，号淮海居士，别号邗沟居士，与黄庭坚、张耒、晁补之合称“苏门四学士”，扬州高邮（今属江苏）人。他是北宋著名的文学家、词人，人称山抹微云学士，著有《秦少游集》。

回看春风一面花

一个冰清玉洁的女子，为了能和丈夫重逢，
甘于忍受别样的侮辱；
一个贵为国君的男子，为了再见妻子一面，
宁愿委屈做一个小吏。
翻开桃花夫人和息国国君的爱情故事，
我们不得不承认，
爱情，它从很久很久以前，就一直存在。

她因为生得太美，倾城倾国，面若桃花，被称为“桃花夫人”。

桃花夫人嫁给了他——息国国君。她回娘家，路过蔡国时去探望嫁给蔡国国君的姐姐，蔡国国君热情款待，却在席间轻薄了她。

桃花夫人忍不住向夫君诉说，息国国君大怒，于是怂恿大国楚国伐蔡，俘虏了蔡国国君。谁料，蔡国国君却向楚文王说：天下美色都在大王宫中，但加起来，都比不过桃花夫人。

为了争夺绝色美人，楚文王灭了息国，霸占了桃花夫人。

而息国国君，成了楚国一个护城的小吏。

桃花夫人在楚国呆了3年，为楚文王生下了2个孩子，却从来不肯说一句话。楚文王问她原因，她只用泪眼相迎。

后来，桃花夫人趁着楚文王出城打猎的日子，跑到城门边上，找到了昔日的息国国君。

桃花夫人痛哭不已，说道，不是我背叛于你，我苟且偷生，只是想再见你一面。

他泪流满面，说道，我甘做一个护城小吏，受尽侮辱，也是等待着和你重逢的这一天。

她说，现在我的心事了了，可以死而瞑目了。于是，她奋力向城墙撞去，顿时香消玉殒。

他看到心爱的她死在自己面前，顿时心灰意冷，也一头撞在城墙上，和桃花夫人一起走了。

楚文王打猎回来，听说了这件事，顿时叹息不已，黯然神伤，他将俩人合葬在城外的桃花山上。后来，人们盖起了一座桃花夫人庙。

唐代时，著名诗人杜牧途经此地，听说此事后，不禁泪眼凄迷，为桃花夫人写了一首含泪的七律：

细腰宫里露桃新，脉脉无言度几春。
毕竟息亡缘底事，可怜金谷坠楼人。
息亡身入楚王家，回看春风一面花。
感旧不言常掩泪，只应翻恨有荣华。

桃花夫人（生卒年不详），又被称为“息夫人”，是春秋时期息国国君的夫人妫氏。

宁为玉碎不瓦全

在生命里，总有那么一个人，他只爱你，只想你，
无论用什么威逼利诱，他的心里只有你。
哪怕，他有着至高无上的地位，
哪怕，他有着君临天下的威严，
为了你，他却宁可玉碎，绝不瓦全。

他娶她之前，他的母亲——慈禧太后看上的是另一个女子，而他坚决要娶她。后来，母亲说，要娶她，就得把另一个女子也娶了。他只好妥协。

他娶她的时候，洞房的油灯里，都加了上好的蜂蜜，预示他们的生活蜜里调油。

她是尚书的女儿，蕙质兰心秀并如。洞房花烛夜，他考她唐诗宋词，她竟说得一字不差。她令他敬佩，亦让他心动。虽然，她还

大他2岁。

他们真的是蜜里调油。他只喜欢她，那个和她一道娶来的女子，他早已忘到九霄云外，一夜一夜，他只在她的温柔乡里缱绻。他跟她说心里话，她让他勤政亲民。除了身份尊贵，他们和普通的恩爱夫妻没什么不同。

为此，慈禧太后大发雷霆。她是母仪天下的皇后，她劝他到另外那个女子的寝宫去，而他不依，他只要她。他知道她的良苦用心，可他贵为皇帝，连喜欢一个女人都要掩饰，岂不是悲哀。他不管不顾。

她小心翼翼，可还是招致了慈禧太后的种种刁难。她咽下眼泪，笑脸相迎，想要缓和关系。

一边是母亲，一边是心爱的她，他左右为难，只好一个人住进了乾清宫。他还是不愿意跟那些自己不喜欢的女人在一起。如果不跟她在一起，他宁可一个人。

她思念着他，他也思念着她，却不能相见。后来，他不幸得了天花，浑身上下都烂了，淌着脓水。她看到他的样子，心都要碎了。她恨不得在他身边，寸步不离，可慈禧太后不允许，而且，还当着他的面，劈头盖脸打了她一顿。他顿时心痛得晕了过去。

尽管她是那样不舍，带领六宫在宫中到处挂红布、敬神仙，可他还是带着对她无限的依恋走了。她想随他而去，却发现自己有了他的骨肉。

她想活下去，生下他留下的唯一的子嗣。可慈禧太后不答应，还让她的父亲送给她一个空食盒，暗示她绝食而死。

她终于知道自己无法留下他的孩子，于是，她毫不犹豫地拔下头上的金钗，吞食而下，带着对他无尽的思念，带着他的孩子，去和他团聚了。那一天，离他驾崩只有75天。死的时候，她才22岁。

他是同治皇帝，她是他的皇后阿鲁特氏。

同治皇帝（公元1856年—1875年），清穆宗咸丰帝长子，6岁继位，慈禧太后的亲生儿子，是清朝皇帝中寿命最短的一个。

孝哲毅皇后阿鲁特氏（公元1857年—1875年），蒙古正兰旗，清状元户部尚书崇绮之女。她德才兼备，贤良淑德，气度不凡，颇有母仪天下的风范。

携手同上烟霞路

有多少女子像她一样，
爱上一个人就永远等待，甚至付出生命？
有多少男子像他一样，
就算死，也不辜负爱上自己的红颜？

黄巢起义，她随父母逃难，来到了衡阳回雁峰。不料父母双双亡故，她只好以卖唱为生，聊以度日。因为容貌秀丽，歌声婉转，她很快名声大噪，连当时的御史听过她的歌，见过她的人，也忍不住题诗给她：真宰无私心，万物逞殊形。嗟尔兰蕙质，远离幽谷青。清风暗助秀，雨露濡其泠。一朝居上苑，桃李让芳馨。他称赞她连艳丽的桃李都不能与她相比。

自此，她更加声名远播，富贾贵人，无不纷纷登门，多少人肯出重金，想要一亲芳泽，更有人被她的美貌倾倒，想要娶她为妻为妾。

她虽然身为歌妓，她的心，却像兰花一般纯洁高贵，她看不上那些鄙俗之人，更无法与他们携手今生。

幸好，她遇到了他。虽然，他也是商人，可儒雅英俊，风度翩翩。本来，他是读书人，只是遵父之命，随队学习行商。他们在一次宴会上相遇，一见倾心，再见倾情，转眼便成了如胶似漆的爱侣。

他本想和她永结同心，可家中父亲却忽然离世，他只好匆匆回家奔丧。

鸳鸯孤眠怨芳草，夜夜相思何时了。她忘穿秋水，可秋去冬来，却没有他的消息。人人都说他是负心郎，她却坚信，他一直没有忘记她。

他真的没有忘记她，而是对她日思夜想。只是，他办完了父亲的丧事，想变卖家产，前来寻她，和她永结秦晋之好。不料，家族族长听说他要娶一个歌妓，坚决不允，万般阻拦。无奈之中，他出手伤人，身陷囹圄。

她派人探寻他的消息，终于得到他的回音：春雨蒙蒙不见天，家家门外柳如烟。如今断肠空垂泪，欢笑重追别经年。他让人带话给她：只要能获得自由，他一定回来娶她。

从此，她闭门谢客，躲在郊外一个小小的院子里，等待他的归来。

不久，唐德宗驾崩，唐昭宗继位，大赦天下，他终于自由了。但因为藩兵交战，南北不通，他无法踏上寻找她的行程。他只好辗转找人，带去一阕词给她：

人间最苦，最苦是分离，伊爱我，我怜伊，青草岸头人独立，画船东去橹声迟。楚天低，回望处，两依依。后回也知俱有愿，未知何日是佳期，心下事，乱如丝。好天良夜还虚过，辜负我，两心知，愿伊家，衷肠在，一双飞。

她欣喜万分，便在衡阳城里，唱起这阕词来，一时间，人们都知道了他们的故事，都知道，不久后，她爱的那个人，便要来和她成亲了。

可一眨眼，他离开已经9年了。她的期盼，就像树梢的花儿，落了又开，开了又落。最后，她终于忍受不了相思的折磨，病倒了。知道自己去日无多，她艰难地爬上了回雁峰，向着他所在的方向，一遍又一遍地唱着那阕他写给自己的词。后来，她精疲力竭，一头从峰顶栽了下去。

谁又知道，在她香魂归西的那一刻，他正在匆匆而来的路上。

他寻她不见，又听说了回雁峰上的故事，心中一惊。在峰顶，他看见她留下的纸条，正是他写给她的那阕词。他热泪汹涌，再也无法忍受，叫着她的名字，从峰顶一跃而下……

她是一个普通的歌妓，叫王幼玉。他是一个平常的商人，叫柳富。

王幼玉（生卒年不详），字真姬，唐德宗年间著名歌妓。

不负吾心不负卿

爱是细节中的点点温暖，
爱也是关键时刻的舍生取义。
只有把男人当成生命全部的女子，
才能两者都做到吧？

他——完颜雍，和她——乌林答氏，5岁时就订了婚。

完颜雍13岁时，父亲自杀身亡，母亲遁出皇宫，削发为尼。孤独寂寞、缺少温暖的完颜雍，一时万念俱灰。

完颜雍18岁时，他们结婚了。美丽端庄、知书达理的乌林答氏，给了完颜雍温暖、怜爱、体贴和柔情，他的春天终于到来了。他们有了孩子，有了属于自己的家。

他的官职是兵部侍郎，却做得如履薄冰，因为皇帝喜怒无常，经常无故残杀朝臣。乌林答氏劝他将传家宝献出，他有些犹豫，她说，如果家都没有了，那传家宝传给谁呢？他恍然大悟，毫不迟疑地献出，皇帝因此对他信任有加。皇帝不久大开杀戒，杀死了许多近臣权贵，他却因此而避开了灾难。

后来，他的哥哥做了皇帝，但因为他口碑好，威望高，新皇帝对他极不放心，既撤了他的官职，还派人暗中监视他，总想找机会害死他。她不断地拿出家中的奇珍异宝献给新皇帝，新皇帝认为他胆小怕事，才放松了对他的警惕。

可是，皇帝看上了貌美如花的她，于是下了一道诏书，要她进宫做妃子。那时，他不在她身边。她从容地做了准备，跟着前来迎接自己的人赶赴京城。在路途中，她纵身跳入湖中，毫不犹豫地“走”了。

她给他留下了一封长长的信，信中回顾了他们甜蜜美好的生活，并说道：我不能拒绝皇帝，因为如此一来，就会给你惹来杀身之祸。可是，你是我唯一的丈夫，我绝对不会委身他人。只有我在行程中死了，才既能保全你的生命，又能保全我的贞节。

到死，她也在为他着想。

后来，完颜雍夺取了王位，做了皇帝，也就是金世宗。他即位后，封乌林答氏为昭德皇后，从此之后，在位 29 年的他再也没有立过一个皇后。

爱是细节中的点点温暖，爱也是关键时刻的舍生取义。乌林答氏，用自己的人生和生命，完美地诠释了这样的爱。

金世宗完颜雍（公元 1123 年—1189 年），原名完颜褎，女真名乌禄，金太祖完颜阿骨打的孙子，金朝第五位皇帝。他即位后，停止侵宋战争，励精图治，革除了海陵王统治时期的弊政。

乌林答氏（生卒年不详），生于女真贵族之家，世居黑龙江的海罗伊河畔（牡丹江流域），完颜雍的皇后。她聪敏孝慈，容仪整肃，知书达理，文采超群，贤良无比，深明大义，甚有妇德。

一缕香魂为君绝

我只爱你一个人，我的眼里只有你一个男人。
不管别的男人有多么俊朗潇洒，多么叱咤风云，
多么不可一世，多么高高在上，
多么善解人意，多么温言软语，
我都视而不见，因为我只爱你。

她生下来时身上就带着一股异香，绕室不断，沁人心脾。长大后，她玉容绝代，国色天香，再加上人未近、香先来，所有的男人都对她如痴如醉、心旌荡漾。她的芳名，一直传到了北京城。

南疆巴图尔汗国国王霍吉占娶她做了王妃。霍吉占高大英俊，骁勇善战，人人都夸他们是天作之合，是前生注定的姻缘。

可是，一场战争，成了他们的灾难。

乾隆皇帝的军队很快攻入了这个小国，霍吉占不幸战死。她欲

挥刀自尽之时，被大将军兆惠救下。兆惠看到眼前这个美艳无比的女子，还散发着诱人的异香，不禁大喜。他骗她霍吉占并没有死，而是被押送到了京城，请她同行。闻此，她只好放下尖刀，跟随兆惠启程。

阅尽天下美色的乾隆，见到充满异域风情的香妃时，还是忍不住怦然心动了。她的美浑然天成，又与众不同，仿佛天山顶上终年积雪中的雪莲怒放，高贵典雅，而又娇艳无双。她浑身散发着馨香，令乾隆无法自持，立刻封她为“香妃”。

她虽艳若桃李，却冷若冰霜，断然拒绝乾隆的临幸。她本想一死了之，却怎奈与丈夫霍吉占生死两茫茫，便不忍离去。乾隆非常喜欢她，专门为她建了宝月楼，还请来了她家乡的厨师，连婢女也被要求按她家乡的服饰打扮，以解她的思乡之愁。乾隆以为自己贵为国君，再加上怜香惜玉，温言软语，一定能让她倾心，孰料她依然眉头紧锁，泪流满面，守身如玉。

一日，乾隆忍不住想要一亲芳泽，没想到她掏出一把小刀，猛刺而来。乾隆一闪身，还是被小刀刺破了手臂，血流如注。乾隆问道，你可知道刺杀君主是死罪！香妃双泪横流，说道，国灭家破，死又何惧！

太后听说此事后，日夜担心乾隆的安全，加上后宫倾轧，不断有人散播香妃为妖孽的谣言。于是，太后趁乾隆不在，告诉了香妃霍吉占早已去世的事情，并赐给她一杯毒酒。听说几年来朝思暮想的夫君已死，香妃泪如雨下，毫不犹豫地喝下了毒酒，含笑而去。乾隆闻讯赶来时，香妃早已魂断西去，只剩一缕芳香，令人扼腕。

香妃墓碑上写着一首词：浩浩怨，茫茫劫，短歌终，明月缺，郁郁佳城，中有碧血；碧亦有时尽，血亦有时竭，一缕香魂无断绝。是耶非耶？化为蝴蝶。

香妃（生卒年不详），传说中乾隆皇帝的妃子，据说遍体生香。历史记载乾隆确实有一个维吾尔族妃子，名容妃，但并不确定容妃就是香妃。

清风明月亦怜她

钻石能永远流传，是因为它坚不可摧；
爱情能永远存在，是因为情比石坚。

他们都是小小年纪就失去了父母。所幸，遇到了对方。

他们两个人聪颖、机敏，互相倾慕，每天吟诗作画，鸳鸯双飞。

可惜，她不幸染上了疾病。她害怕传染给他，于是回到娘家休养。

这时，他被提升到京城做官。临行前，他派车去接她，她避而不见，没有回来。

愿得长巧笑，携手同车归。他失望至极，也很无奈。为了让她排遣寂寞，他送给她四样礼物：镜子、好香、素琴和价值千金的宝钗。可是她都退回给他。她说，女为悦己者容。如果我见不到你，为什么要化妆照镜子呢？为什么要焚香弹琴呢？你不在我身边，这一切都没有意义。

他走马上任，在皇帝身边前途辉煌。他们鸿雁传书，情意绵绵。他只想等她病好之后，接她到京城，两两相依，永不分离。

没想到，一场突如其来的大病，令年轻的他再也没有睁开眼睛。

她悲恸欲绝，几欲死去。长吟兮永叹，泪下兮沾衣。可是，她还有两个孩子——他的一双儿女。她只好强忍着世间最痛的痛，坚强地活下去。

但是，她的哥哥逼她改嫁，她誓死不从，为了表达自己对他永远的忠贞，她自毁容貌，状况惨不忍睹。

不久，她还是因为悲伤过度离去了。

他叫秦嘉，她叫徐淑，他们的爱情，从东汉传到现在，他们的诗词，一直保留至今。

徐淑（公元147年—167年），东汉女诗人，陇西（今甘肃东南）人。其代表作《补续汉书艺文志》《徐淑集》（佚失），所作今存《答秦嘉诗》1首及答书2篇。

秦嘉（生卒年不详），字士会，陇西（今甘肃临洮）人，东汉诗人，桓帝时黄门郎。其代表作有《赠妇诗》3首。

不堪肠断对含啼

他们只是萍水相逢，本是一场钱色交易，
可他却相思而死，她也殉情而去。
真正的情感，永远无法掩饰，
不管身份如何悬殊，不管沧桑如何改变，
不管是生是死……

他奉命出使新罗，从青州上船。可能一切都是天意吧，风高浪险，船只根本无法前行，反被吹回到了岸边，他只好停留在青州一个小小的驿站里。当地的长官怕他寂寞，便把她领来，唱曲吟诗，以遣孤独。

“凤眼半弯藏琥珀，朱唇一颗点樱桃”，说的就是她吧。他怎么也看不够，她的柔情，她的缱绻，她的媚态，她的温存让他几乎忘记了自己的职责所在，忘记了天地所在，甚至忘记了自己是谁。在她的身边，他流连忘返，竟达一年。

春来时，他必须得去上任了。临行之前，他万般难舍，写下一首诗：

经年邮驿许安栖，一会他乡别恨迷。
今日海帆飘万里，不堪肠断对含啼。
阿母桃花方似锦，王孙草色正如烟。
不须更向沧溟望，惆怅欢情恰一年。

之后，他依依不舍地走了，一路上，泪水洒满青青子衿，只恐别伊容易见伊难。他的人虽然走了，可七魂六魄全都留在了她身边。

上任伊始，还没有举行册封大典，每天都有人来拜访他，令他忙碌不堪，很快，他便因劳累、相思得了病。他对侍从说："我怎么总是在梦里和她相见呢？"几天之后，他怀着对她深深的眷恋和思念，驾鹤西去。

他的灵柩经过青州时，她一身缟素，飘然而至。君既知道相思苦，怎忍抛奴去？她抚摸着他的棺木，想着将与他天人永隔，再不得相见，顿时悲从中来，大哭不止，不一会儿，便倒在他的棺木之下，绝命而去。

他们只是萍水相逢，本是一场交易，可他却因相思而死，她也殉情而去。真正的情感，永远无法掩饰，不管身份如何悬殊，不管沧桑如何改变，不管是生是死……

就像他——薛宜僚，她——段东美。

薛宜僚（生卒年不详），唐代绛州万泉（今山西万荣）人，将军之子，曾出任新罗（今朝鲜）大使。

不辞冰雪为卿热

对深爱的人，

痴情的人会执迷不悟。

为了所爱的人不惜一切，才是真正的幸福。

不是每个人，都有福气这样执迷不悟一次。

荀奉倩的父亲是曹操的大谋臣荀彧。

荀奉倩是魏汉时著名的玄学大师，他曾经发表过一条特别离经叛道的言论：女人的德、行都不重要，最重要的是容貌。他听说骠骑将军曹洪的女儿很美，于是登门求亲。

曹氏果然美若天仙，令荀奉倩如痴如狂，他将曹氏娶回家中，千般疼爱，万般娇宠。她仿佛兮若轻云之蔽月，飘飖兮若流风之回雪，他对她如痴如醉。

有一年，曹氏生了病，高烧不退，荀奉倩请了众多名医，都不奏效，曹氏的身子像着火了一样滚烫。荀奉倩急得团团转，眼看着曹氏奄奄一息，他毅然脱去衣服，跑到寒冷的室外，卧在雪地里，

让自己的身体变得冰冷无比后，再颤抖地跑进卧室中，用自己冰冷的身子，贴着曹氏躺下。等他的身体像曹氏一样滚烫了，他又跑出去卧在雪地里，让自己的身体变冷，然后再回到屋子里……就这样反反复复，直到他自己也病倒了。

即使他这样疼爱她，恨不得用自己的生命去交换她的生命，可她还是因为病重而离开了他。

荀奉倩伤心无比，黯然无神，有人对他说，漂亮的女子多得是，你为何这么伤心？

荀奉倩说，不管漂亮的人有多少个，可我疼爱的这个死了！倾城与倾国，佳人难再得。

不久，他因为伤心过度，也离开了人世，年仅29岁。也许，他只是害怕她一个人在那边害怕、孤单、冰冷，所有才特意去陪她了吧？

《世说新语》里说他“惑溺”，意思是执迷不悟。可是对深爱的人，痴情的人会执迷不悟。为了所爱的人不惜一切，才是真正的幸福。不是每个人，都有福气这样执迷不悟一次。

荀粲（公元209年—238年），字奉倩，三国魏玄学家，曹魏第一谋士荀彧的儿子，以善谈玄理名噪一时。

碧血化为江边草

有多少女人像虞姬对项羽那样，
忘记了自己的名字，忘记了自己的生死，
仿佛自己的一生，就是为了自己所爱的男人而来，
而生，而死，而付出所有的一切。

没有人知道她本来的姓名，人人都叫她虞姬。没有人知道她的家乡在哪里，只知道她是江南富裕人家的小姐。

“年华灼灼艳桃李”，那是她倾国倾城的容颜。传闻她跳舞的时候，连月亮都要停止呼吸；舞剑的时候，万物一片寂静。

她倾慕西楚霸王项羽，于是跟了他。他走到哪里，她跟到哪里，哪怕和他一起沙场迎敌。不管在哪里，她和他居愿接膝坐，行愿携手趋。这就是她的幸福。

他一直是叱咤风云的领袖，指点江山的英雄，她以他为傲。在她眼里，他就是王，是至高无上的世界主宰。

可是楚汉之争，他被围在了垓下，四周响起了楚国的歌，他忽然英雄本色尽失。

君王是日无神采，爱妾此时容颜改。她缓缓走出帐篷，仍然那样美艳如花、婀娜风雅，他的心中悲伤而绝望，他仰天长叹，说道，虞姬啊虞姬，我该把你怎么办呢？说完竟对风掩面，泪流不止。

她的心，痛不可言。他是一代枭雄，一夫当关万夫莫开的将帅，君临天下万人敬仰的王，何以如此地儿女情长？

她拿出宝剑，在风中怆然起舞。他已然看呆，在呼呼的剑风中，他又一次泪流满面。心想，自己就要被刘邦打败了，这个心爱的女人，到时又该遭到怎样的蹂躏和屈辱？

她却唱起了歌："汉兵已略地，四方楚歌声。大王意气尽，贱妾何聊生。"唱完，她深深看了他一眼，自刎而死。

她知道，自己死了，他才能放下儿女情长，放下柔肠万千，没有后顾地去奋勇杀敌。唯有自己死了，才能激发他的斗志，让不可一世的王者之气，回到他的身上。

他把她葬在了江边。后来，她的坟上长出了茵茵绿草，微风吹来，便都翩翩起舞，人们都叫它"虞美人草"。

到死，她都没有自己的名字。

虞姬（？—公元前202年），秦末西楚霸王项羽侍妾，容貌倾国，擅长歌舞。

项羽（公元前232年—公元前202年），名籍，字羽，下相（今江苏宿迁）人，楚国名将项燕的孙子，秦末起义军领袖。他是中国军事思想"勇战派"的代表人物，号称"西楚霸王"。

随君生死皆相思

> 他们至死，都只有对方一个配偶。
>
> 他们是历史上有记载的第一对一夫一妻的皇帝皇后。
>
> 她，也是中国历史上有记载的，
>
> 第一位为丈夫殉情的皇后。

他是太子，她是大将的女儿，从小，他就跟着她的父亲，驰骋疆场。

他们青梅竹马。

她遵父亲之命嫁给了他。两人万般相爱，枕前发尽千般愿。他对她说，我不会再娶别的女人。她说，我永远只跟着你。

他做了皇帝，立刻封她为皇后。任何皇帝都六宫粉黛众嫔妃，可他仍遵守着自己的诺言，除了皇后之外，没有其他任何一个女人。

他们本来过着平静而富贵的生活。我情与子合，亦如影追身，

形影不离。可她的父亲太贪心，掌管着大权不肯放手，而他是血性男儿，怎肯做一个傀儡皇帝！于是，他发誓要夺回属于自己的权力。

可惜他太年轻，太轻敌，太草率，他本以为联合自己的几个连襟，就可以诛杀自己的岳父，怎奈他的几个连襟因为畏惧他的岳父，而将秘密行动全部都泄露了。

很快，他被抓了起来，被她的父亲赐了毒酒。他走的时候，只有30岁。

她听说之后，悲恸不已，自己最亲的男人杀死了自己最爱的男人，她该何去何从呢？

来与子共迹，去与子同尘。痛不欲生的她，选择了追随他而去。这样，她就会忘记杀戮，忘记争夺，忘记世间的一切，只和他相爱了吧？

他是南北朝时的西魏皇帝元钦，她是他唯一的女人、皇后宇文云英。他们至死，都只有对方一个配偶。他们是历史上有记载的第一对一夫一妻的皇帝皇后。她，也是中国历史上有记载的，第一位为丈夫殉情的皇后。

宇文云英（？—公元554年），西魏废帝元钦的皇后，西魏丞相宇文泰的女儿，品行端淑，知书达理，是历史上第一位为丈夫殉情的皇后。

元钦（公元525年—554年），西魏第二任皇帝，西魏文帝元宝炬之子，母亲是乙弗皇后，他是中国历史上第一对实行一夫一妻制的皇帝，除了皇后之外没有任何嫔妃。

一代红颜为君尽

不是所有的女孩都“宁愿在宝马里哭泣，
不愿在自行车后微笑”。
说那些话的女孩，只因没有真爱过。
像窈娘一样，
就算投井也不愿委身权贵、为爱人保持忠贞的女子，
在这个世间还是大有人在。

洛阳城中，天津桥北岸的一段河堤，被人称为“窈娘堤”。

窈娘，是一个美丽而刚烈的女子。

起初，她有着幸福的生活，有一个做小官的爱人乔知之。她美貌如花，能歌善舞，乔知之深深地爱着她，也没有再娶过小妾，专心地宠爱着窈娘一个人。他们齐彼同心鸟，譬此比目鱼。

窈娘的美丽被武承嗣知道了。武承嗣是女皇帝武则天的侄儿，是高高在上的太常卿，他想要的，就一定能得到。他派人抢走了窈娘，占为己有。

乔知之无法和武承嗣抗衡，只能眼睁睁地看着心上人被抢走，却无能为力。他悲痛交加，在细绢上写下了一首诗：

石家金谷重新声，明珠十斛买娉婷。
昔日可怜偏自许，此时歌舞得人情。
君家闺阁不曾观，好将歌舞借人看。
意气雄豪非分理，骄矜势力横相干。
辞君去君终不忍，徒劳掩袂伤铅粉。
百年离恨在高楼，一代红颜为君尽。

这首《绿珠篇》用绿珠和石崇的故事，影射了武承嗣强抢人妻的蛮横和霸道。

窈娘在武承嗣府中，茶饭不思、夜不能寐，每天以泪洗面，当她看到这首诗时，她满腔的思念和委屈都化作了无尽的勇气。只愿君心似我心，定不负，相思意。她偷偷地跑出武府，准备去和心上人团聚。

武家的爪牙很快发现窈娘逃跑了，立刻追了上来。窈娘再也不愿意自己的清白之身落入武承嗣之手，她看见旁边有一口水井，于是毫不犹豫地跳了下去，一代红颜，就这样香消玉殒。

那一天夜里，河水暴涨，冲垮了天津桥，将窈娘投身的井深深地掩埋了，也掩埋了窈娘的悲伤和冤屈。

后来，每当人们经过这里的时候，就会想起窈娘——这个美丽而坚贞的女子，于是，人们就把这个地方叫“窈娘堤”。

窈娘（生卒年不详），美貌如花，能歌善舞，唐朝武则天时期左司郎中乔知之的妻子。

乔知之（？—公元697年），唐代同州冯翊人，代表作《倡女行》《绿珠篇》，与著名诗人陈子昂交情颇深，官至左司郎中。

千里相思共明月

中路怜长别，无因复见闻。
愿将今日意，化作阳台云。

她和他青梅竹马，门当户对，父母早早地就给他们订下了娃娃亲。

可惜，到了快婚嫁的年纪，他的家道忽然中落，他成了落魄公子，人人避之不及。她的豪门父母怕她嫁过去受苦，想要悔婚，他顿时万念俱灰。她立刻给他写诗，表明自己的心迹：

汝心重石坚，我扣冰雪洁。
心去未千里，相思共明月。

他顿时释然了。为了让她风风光光地出嫁，为了让她的父母不再阻挠，他踏上了科考之路。从小饱读诗书的他，果然高中榜眼。顿时，一切似乎都云开雾散了，等待他们的，是花团锦簇的好日子。

没想到，在他心急如焚赶回家的路上，一场急疾却夺走了他年仅 21 岁的生命。

听到噩耗，她悲痛欲绝。她的父母劝说道，不要太悲伤了，你还这么年轻，又如此花容月貌，再找一个如意郎君，并没有问题。

可她却说，中路怜长别，无因复见闻。愿将今日意，化作阳台云。她发誓永不嫁人，死也要和他同穴相依。

多年后，她因相思过度，伤心过度，而含恨千古。

她死之后，她的两个奴婢也因为伤心，不久之后死了。孰料，她生前养的三只鹦鹉，竟也郁郁而终。

她的父母把她和他、两个奴婢以及鹦鹉们都葬在了一起，把她写的诗汇集成《兰雪集》，放在他家的祠堂里。

直到几百年过后，有人发现了这本《兰雪集》，人们才终于知道：在宋代，有一个坚贞如玉的女子叫张玉娘，她曾经把自己一颗白玉般的心，都献给了一个叫沈佺的男子。

张玉娘（公元 1250 年—1276 年），字若琼，自号一贞居士，松阳人，出生在仕宦家庭，与李清照、朱淑贞、吴淑姬并称“宋代四大女词人”。

沈佺（公元 1250 年—1271 年），又名杰，字超凡，松阳人士。他是宋徽宗时状元沈晦的第七代孙，沈元生之子。1271 年中榜眼。

只把君身当妾身

女人的爱情就是这样，哪怕自己在地狱中，
在煎熬中，
在生不如死中，在不停地靠近死亡中，
可只要她的男人好好的，那么，
一切炼狱都是天堂。

本来，他们和和美美地过着小日子，男耕女织，娇儿添喜。可偏偏，兵荒马乱，民不聊生。血气方刚的他，纠集了一票人马起兵，想要和不公平抗争。可是他们失败了。

他被抓进牢中，她和孩子也没有例外，四目相对，泪水长流。他对她，只有满满的愧疚。可她没有退缩，没有慌乱，对他说道："按照现在的律法，你一定活不了了。不如你带着孩子逃走吧，以后重找个女人过日子。我留在这里，代君一死。"她一副视死如归的样子。

几番争辩，几番推辞，他根本拗不过她。

她想尽办法打开牢门，让他带着5岁的儿子逃走了。他一步三回头，她却面带笑容，仿若这是人生最美好的时刻。她想方设法隐瞒着，直到她估计他们已经走到官兵再也无法找到的地方了，才报告了狱卒。

不用说，她被残忍地杀害了。可她死的时候，一定像带着儿子走出监狱的那一刻一样满足，一样面带微笑吧？因为她知道，她的牺牲，换得了他从此以后的平安和美好。

女人的爱情就是这样，哪怕自己在地狱中，在煎熬中，在生不如死中，在不停地靠近死亡中，可只要她的男人好好的，那么，一切炼狱都是天堂。

这个叫赵媛姜的女子，用自己的死，换取爱人盛道的生。而盛道，以终身不娶，来回报她的痴情。

赵媛姜（生卒年不详），东汉时期益州犍为郡盛道的妻子，典出《后汉书》。

人间最美是相守

爱不只是在一起风光，在一起甜蜜，在一起富贵，
爱也是大难临头时一起面对，
是当死神来临时，不放开你的手。

他只是一个小小的通判。蒙军渡江成功，势如破竹，守护长官弃城而去。危难之际，他毅然挑起了知州的担子，火速组织全城军民，加固城墙，修筑防御工事；又发动老百姓广聚粮食，做好坚守的准备。可不管他用什么方法，到了第二年二月，城终于守不住了。他在家中摆下宴席，和亲朋诀别。之后，他对妻子说："我是守城者，城在人在，城亡人亡，我不能走，你快走吧。"

她淡然一笑，说："夫君是忠臣，我是忠臣的妻子。生生死死，我们都要在一起。"他竭力让她走，她以死相挟，他感动流涕。

她从容不迫，拿出家中银两细软，散与家人、朋友和家奴，让他们各自逃命；并告诉他们，留得青山在，来日定复仇。

很快，敌军逼近了城池。早上，他和她穿得整整齐齐，他牵着

她的手，来到了厅堂里，双双自缢。桌上，有他写下的字：“君不可叛，城不可降，夫妻同死，节义成双。”

她的脸上没有悲伤，没有痛苦，没有惋惜。仿佛此刻，她只是跟这个叫赵卯发的男人，牵手去后花园赏梅。

后来，大元丞相知道了这件事，吩咐将他们厚葬，并赠他华文阁待制，谥文节，夫人雍氏赠顺义夫人。

赵卯发（生卒年不详），字汉卿，宋朝时昌州人，曾做官至遂宁府司户、潼川签判、宣城宰，后来被命为彭泽令。

弱水只取一瓢饮

有些情感就是这样，
纵使周围万紫千红，
可是，他只爱最不起眼的那一朵。

他 2 岁，是刚刚封立的太子；她 21 岁，是他贴身的侍女。

他被废掉太子身份之后，连他的母亲每次来看他，都是步履匆匆，不敢停留，害怕连累到自己；那些以前围着他转的宫女太监，全都曲终人散。小小的他，尝尽了世态炎凉、人情险恶。只有她，守护在他的身边，不离不弃，把永远的温暖给他。

17岁，他做了皇帝，有了皇后。可是，他却撇下新婚年轻貌美的皇后，夜夜缠绵在她的床榻上。

因为她的无理，皇后命人教训了她，他一气之下，就废了皇后，以举动轻佻、礼度率略为理由。皇后的家人，以及与皇后有关的人，都受到了惩罚，只因为她。

他欲封她为后，只可惜，她出身卑微，皇太后以死相挟，他只好无奈地放弃。

她为他生了一个孩子，他喜出望外，赶紧封她为皇贵妃。虽然她并不是皇后，可是，在他的心目中，她才是真正的皇后。她的父亲，以前只不过是个低等差役，却因为她，成了锦衣卫的指挥使。

每一次，当他外出的时候，她都穿着一身戎装陪伴在他旁边，否则他就坐立不安，必须立刻回宫；他的身体有疝疾，每天夜里，只有她温柔的抚摸，他才能安然入睡。多少年了，他对她仍是一日不见，思之如狂。

可惜，她的儿子还没满月就夭折了。她于是排斥所有的嫔妃，不允许她们怀孕生子，如有生了儿子的，母子都会被害死，而他，因为宠她，竟然听之任之。

她在57岁的时候，得了重病，2年后就离世了。他悲痛万分，对别人说，她走了，我也活不长了。此恨绵绵无绝期，她死后仅过了8个月，他抑郁而终，年仅40岁。

朱见深——明朝的皇帝朱宪宗，无论他有多少嫔妃，直到死，

他都深深地眷恋着万贵妃，这个比他大19岁，几乎可以做他母亲的女人。

有些情感就是这样，纵使周围万紫千红，可是，他只爱最不起眼的那一朵。

明宪宗朱见深（公元1447年—1487年），明英宗长子，明朝第八代皇帝，能体谅民情，励精图治，在位23年，在位末年好方术。

万贵妃（公元1428年—1487年），原名万贞儿，青州诸城人氏，明宪宗朱见深的宠妃，比朱见深大19岁。

何须壮语做情辞

不是每个女人，都会有赵四娘那样的机会，能被一个王爷爱上并成为宠妃。

也不是每个女人，都能有她那样的机会，能为自己心爱的人战死沙场，含笑而去。

她本是官家小姐，可16岁的时候，她的父亲下了大狱，母亲被气死，无处生存的她只好去了青楼。她雪肌滑肤、蛾眉明眸，可她毕竟是武官的女儿，不爱描眉画眼，不爱霓裳羽衣，偏偏喜欢一身短装。英姿飒爽地舞剑弄枪，在莺莺燕燕琴棋书画的温婉里，别有一番情趣。

衡王朱常庶喜欢上了她，一眨眼，她由青楼女子，变成了尊贵的王妃。

在王府之中，她将所有的女眷都集合起来，穿上铠甲，弄刀舞枪，训练攻守之术，一连三年，天天如此。昔日柔弱温婉的女眷，都变成了英姿飒爽的女兵。衡王愈发爱她，称她为“姽婳将军”。

那一年，陕晋一带大旱，流贼王子用攻打青州，将衡王围困在一座小山上。留守的将士们准备开门降服，可她杏眼一瞪，叱责将士贪生怕死，背信弃义。她穿上盔甲，提上双剑，组织起了所有的娘子军，前去迎杀流寇。

敌军一众将士看到这些涂脂抹粉的纤纤女子，顿时哈哈大笑，可这些小小娘子军，却奋勇杀敌，巾帼不让须眉。可毕竟寡不敌众，她们和敌军的人数相差实在太远，最后，娘子军的其他女子被敌人杀死，只剩下了她。

流寇王看她眉清目秀，许诺放她一条生路，她却倔强地说：放了我的夫君，否则刀枪相见。她越杀越猛，最终跌下马来，死在了敌人刀下。

因为她带领的娘子军拖延了时间，又让敌军元气大伤，随后而来的援军轻而易举就让敌军全军覆没。

衡王被救，他痛苦地抚摸着她那还没有冰冷的身体，拥抱在怀中，心碎肠断。虽然厚葬了她，可他心中从此有了一个永远的缺口。

红颜力薄难为厉，惠质心悲只问禅。她的名字叫林四娘，虽然她一生中只参加了一场战争，可是却那样悲壮，那样美好。

林四娘（生卒年不详），明末人，出身于武官世家，因家道中落，沦为秦淮歌妓，后成为衡王朱常庶的宠妃，被衡王称为“姽婳将军”。

春蚕到死丝方尽

相见时难别亦难，东风无力百花残。
春蚕到死丝方尽，蜡炬成灰泪始干。

这，是世界上最真、最疼、最好的爱了吧？

风光冉冉东西陌，几日娇魂寻不得。
蜜房羽客类芳心，冶叶倡条遍相识。

几首《燕台诗》，改变了柳枝的一生。

那一年，柳枝17岁，是洛阳城富翁的千金，有着笙歌过院落、灯火下楼台的生活。

她听到李商隐的诗，惊为天人。她搜集他的每一首诗，在闺中抄写、吟诵，心中的爱恋，像潺潺流水，永不停歇。她那样喜欢他，便央人带去自己的罗帕，让他为自己赠诗。

他见到了她。他听到她幽婉的笛声，看到她娇羞不胜凉风的姿态，顿觉神清气爽，失魂落魄。

她读了他的诗，就爱上了他的诗；她见到了他的人，便又爱上了他的人。

她对他说，三日之后，奴焚香等候。这是一个女子，能说出的最赤裸的誓言。她要把自己全部给他。

可是，三日之后，他却没有来。那时，他负有盛名，虽然为她心动，可一个人人皆知的才子，怎么能将她作为生活中的唯一呢？虽然，他确实也很想见她。可真的不巧，他的朋友要他去参加一个重要诗会，其实他已经拒绝了，可朋友为了他的前途，将他灌得酩酊大醉，拖上马车便带走了。等他醒来，已经身在长安。她独守着香炉，望穿秋水，落泪通宵。

冬天，他从长安归来找她，她已经嫁给了一个达官贵族。

可是，她这一辈子，只爱他，绝对不会委身他人。就算，他不来找她，他不爱她。她只想遵循自己的心。

新婚之夜，她剪断了自己的罗裙，以决绝的姿态对丈夫说，这一生，我都是他的人。

恼羞成怒的丈夫，把柳枝卖到了遥远的湘楚之地，做了烟花女

子。不管怎么样，她都不会让任何人染指自己的。就算，此时的李商隐对她来说，已经只能是个旖旎的梦境了。不久，柳枝就含恨离世了。至死，她都没见到那个让她魂牵梦萦的男人。

李商隐无比震惊，也无比懊恼，心碎之余，他含泪写下了《柳枝五首》，题在柳枝的旧居上。

从此，他再也无法忘记她。他一遍又一遍地回忆她的娇俏和伶俐，写下了：

相见时难别亦难，东风无力百花残。
春蚕到死丝方尽，蜡炬成灰泪始干。

45 岁时，他因为病痛离开人世，去和她团圆了。而他和她的故事，他写给她的诗句，却永远留在了人间。

李商隐（公元 813 年—858 年），唐朝官员、诗人，字义山，号玉豁生、樊南生。他和杜牧合称“小李杜”，与温庭筠合称为“温李”，他是晚唐最出色的诗人之一，著有《李义山诗集》。

几回魂梦与君同

在对的时间遇到对的人，是一种圆满；
在错的时间，遇到对的人，是一声叹息。
我们相遇，相爱，却不能相守，就像水中月，
镜中花，可望而不可即。
相濡以沫只是说梦，相亲相爱都是泡影。
只是，亲爱的，我仍会感谢上苍，
感谢上苍曾让你我相逢，相恋。
就算和你分开，我撕心裂肺，痛不欲生。
可你我曾经相爱过，这已足够，我亦满足。

从此心伤魂杳渺

最庸常的幸福，就是爱着一个男人，
并且永远只爱一个男人。
这对于女人来说，
比任何才华、任何荣誉、任何成就，
都要重要得多。

“七岁吟诗如锦绣，九年开笔作诗文。篇篇珠玉高兄长，字字琳琅似父亲”，在《再生缘》里，陈端生这样描写孟丽君，其实，这就是她的自况。她的祖父是雍正时候的进士，父亲在云南、山东等地都做过地方官，母亲是云南省大理府知府汪上堉的女儿。书香门第，熏陶出了不一样的精灵人儿。

18 岁，她便开始写《再生缘》，3 年，就写了 16 章，这是一个曲折好看的故事，充满了女性意识。

23 岁，她嫁给了范菼为妻。那时，范菼已经 30 多岁了，她并不是原配。可是，她依然感觉到幸福，她是那样爱他，“幸赖翁姑怜弱质，更忻夫婿是儒冠。挑灯伴读茶汤废，刻烛催诗笑语联。锦

瑟喜同心好合，明珠畲向掌中悬”。他们是多么相配，情投意合。

这样缠绵悱恻、锦瑟相和的生活，才是她的全部吧。她的心，不再徜徉于文字之间，而是相夫教子。她生下儿子和女儿，其乐融融。

亨衢顺境殊安乐，利锁名缰却挂牵。虽然，她觉得这样平淡又幸福的生活就是最好的了，可家境又让他必须求取功名。只是，他被人诬陷，成了科场舞弊案的受害者，被发配到新疆伊犁服役10年。这一年，她29岁，和他生活了6年。

生别比死离更痛苦。何况，她还要担惊受怕，不让全家人受到牵连。可是，相思难绝，痴心难改，她写下了一首首相思诗：

一曲惊弦弦顿绝，半轮破镜镜难圆。
失群征雁斜阳外，羁旅愁人绝塞边。
从此心伤魂杳渺，年来肠断意尤煎。
未酬夫子情难已，强抚双儿志自坚。
日坐愁城凝血泪，神飞万里阻风烟。

那样一个非常时期，写这样想念罪犯的诗，是极其容易为自己招来灾祸的。可是，她情不自已。

她又重新拾起笔，想要续写完《再生缘》，将自己对他刻骨的思念写入其中。可是，整整一年时间，她只艰难地写完了一卷。之后，她便心力交瘁，没过多久，她便在对他的思念里，郁郁而终了。临死，她也没能见上他一面。

无论多么有才华的女子，一旦遇到了爱，便会像陈端生那样吧，变成和普通女人毫无二致的女子，过着世间最平常的生活，享受着人世间最庸常的幸福，再也想不起来自己是那样才华横溢，是那样出类拔萃。

陈端生（公元1751年—1796年），字云贞，浙江钱塘人（今杭州人），清代杰出的女弹词家。其著有《绘影阁诗集》（失传）、弹词小说《再生缘》（一至十七卷）。《再生缘》文学价值极高，与《红楼梦》并称为“南缘北梦”。

人间亦有痴如我

负心郎常有，痴心女常在。
多少女人，只得到了片刻的温情，
却为此付出了一生。
她的一生只爱一个男人，可这些，
却跟那个男人毫不相干。

冯小青的父亲曾随朱元璋戎马倥偬，南征北战。朱元璋称帝后，他做了广陵太守。

冯小青是父母的独女，生得聪慧伶俐，有过目不忘的本领，是父母的掌上明珠。

待朱棣发兵起义，冯父抵死阻挡，朱棣取得皇位后，将冯家满门抄斩。可怜的冯小青和亲戚杨夫人外出游玩，不在家中，这才幸免于难。

那一年，她只有 15 岁。

杨夫人带着小青来到杭州，将她托付给冯父生前的朋友冯员外，一个富商。小青从一个锦衣玉食的千金小姐，瞬间沦落成寄人篱下的柔弱孤儿。她整天愁眉不展，窝在屋子里学习。

她喜欢读书、写诗，喜欢在下雪的时节，煮烧梅茶。冯家的公子，也是一个清儒风雅之人，他们偶然相遇，自然倾心。

可惜，冯公子已经有了妻子，但他抑制不住对小青的爱——那种知己的情怀。他不断地跑到小青的住处，和她吟诗作对，喝茶作画，情投意合，无限甜蜜。

冯公子终于鼓起勇气向父亲要求娶小青过门。父亲看小青才貌双全，又因冯公子的妻子三年未育，便欣然应允。

蜜月里，两人朝夕相伴，如胶似漆。冯公子对小青千般怜爱，万般宠幸，小青以为，自己的幸福又回来了。

孰料冯妇泼辣狠毒，因为冯公子的冷落而大发雷霆，对小青挑三拣四,万般刁难。她还找借口撒泼闹事，硬是将小青赶出了冯家大门。冯妇的家庭背景十分了得，冯家谁能奈何得了她?

冯公子只好将小青安置在孤山上的一座别墅里，却不能常来看她。小青孤独而哀愁，没有潇洒和闲情，有的，只是自言自解自思量；有的，只是百结回肠写泪痕。

因为她的盛名，许多公子都悄悄托人于她，劝她改嫁，可是小青的心里，只有冯公子。她写下了“人间亦有痴于我，岂独伤心是小青”的诗句。她望眼欲穿，可冯公子人影未见。偶尔，冯公子偷偷前来相会，也会被跟踪而至的仆人立刻请回家中。

小青最终抑郁而死，死时，年仅 17 岁。冯公子得知后痛心不已，偷偷拿回了她的三张画像，却被毒妇全部焚烧。

后来，杨夫人将小青写的诗搜集在一起，出版了《焚余集》，给世间的人，留下了她的嗟叹，她的失意，她的伤感。

冯小青（生卒年不详），明代著名才女、词人，广陵（今江苏扬州）人，其父是建文帝时广陵太守。

愿得生死在一处

作为一个皇帝，高纬无能而荒淫，
可作为情人，他却是那样痴情。
不管是他利令智昏，还是色迷心窍，
可为了自己爱的人，不在乎江山，
不在乎生死的男人，又有几个？
而女人，都宁可要情人的这一面吧？

他是北齐的皇帝，有三宫六院，无数嫔妃。冯小怜只是皇后身边的一个舞女，却生得惹人爱怜，尝矜绝代色，复恃倾城姿。

皇后将小怜献给高纬，是想要让自己的情敌曹昭仪失宠，没想到，高纬看到小怜之后，便把世间的女人全部忘记了，包括皇后。

高纬弹得一手好琵琶，而小怜也是弹琵琶、跳舞等样样精通，两人时常自己作词作曲，弹琵琶、唱歌、跳舞，快活异常，是真正的琴瑟相合。那时，人人都叫他无忧天子。

小怜的皮肤吹弹可破，光滑如丝，冬天的时候，温软如棉，抱在怀里犹如一团烈火；到了夏天，则润泽如玉，宛若冰块一样令人舒服。高纬沉醉在她的温柔乡中，无法自拔，整天和她形影不离，就算是上朝的时候，也要把她抱在怀里，让她坐在自己的膝上。高纬不知道怎样表达自己对小怜的喜爱，甚至不惜让小怜裸体躺在朝堂之上，让大臣们排队来观看她的玉体。高纬要立小怜为皇后，只是她心中还怀着对皇后的愧疚，这才作罢。

有一次，高纬带着小怜在外面打猎，忽然有报说北周进攻了平阳，他想要率兵支援，可小怜还兴犹未尽，说要再杀一围，高纬于是放下社稷，陪着小怜继续打猎。等他们乘兴而归的时候，平阳已经沦陷了。高纬决定亲自带着部队去收复失地，小怜觉得战争一定刺激极了，要求一同前往，高纬欣然同意。大臣们认为不太吉利，可高纬说，只要小怜高兴，战败了又何妨呢？

高纬之军势如破竹，攻打平阳之时，平阳城墙轰然倒塌，此时只要高纬下令攻城，则胜局在握。可高纬却命令停战，因为小怜要来观战，可她在出行之前要盛装打扮，结果在等待的时机中，北周修好了城墙，高纬彻底失去了收复的胜算。

战败之后，高纬带着小怜逃命。途中，高纬竟还有闲情逸致，封小怜为皇后，还让大臣拿来皇后的朝服，让小怜穿上，自己在后面边逃命边欣赏。他们被俘虏后，高纬的第一句话竟是："能不能放了小怜？"

而小怜，虽然后来被赐了又赐，在男人之间辗转服侍，可她依然思念着高纬的好。后来，她又被赐给了北周皇帝的弟弟宇文达，宇文达很爱听她弹琴。一天，小怜抚琴，忽而弦断。小怜悲从中来，赋诗一首：

虽蒙今日宠，犹忆昔时怜。

欲知心断绝，应看膝上弦。

意思是说：虽然你很宠我，可我依然怀念从前得到的爱怜。要知道我有多伤心，你就看看我膝上的断弦吧？

一段放弃一切的感情，能得到如此的回应，高纬也可瞑目了。

高纬（公元 556 年—577 年），字仁纲，汉族，南北朝时期北齐第五位皇帝。他即位时，北齐政权腐朽不堪，摇摇欲坠。北周入侵时，他仍然荒唐淫乱，不理政事，不久后亡国，死时只有 21 岁。

藩篱情深卧鸳鸯

真正的爱，可以超越生死，
超越身份，超越清规戒律，
超越世上所有的规则。
因为，它不可抵挡，不可掩饰，不可阻止。
真正的爱，是眼里只有对方，却没有整个世界。

她是至高无上的唐太宗的女儿，万人敬仰的公主——高阳公主。

金枝玉叶的她，翻手为云，覆手为雨，可在挑选驸马的事情上，她却无法做主。15岁的她，被唐太宗许配给了宰相房玄龄的小儿子房遗爱。可她喜欢儒雅风流的书生，对高大勇猛的房遗爱，无语无言唯叹息。洞房花烛夜，她就把驸马赶了出来，她宁可独守空房，绝不行云雨之事。

婚姻失败的高阳公主，整天纵情于山水，以忘记自己的伤心。

17岁的一天，游山玩水的高阳公主，偶遇了辩机和尚，顿时，

他们忘记了自己的身份，忘记了彼此的身份，如胶似漆地痴缠在一起。

玄奘取经归来，选中了佛学知识渊博、文采斐然、仪表出众的辩机和尚帮自己翻译撰写《大唐西域记》，辩机由此必须去弘福寺中长住。高阳公主心怀不舍，她无法陪伴辩机了，于是，她将自己夜夜共眠的玉枕送给了辩机，这样，见枕如见人。

几年后，一个小偷潜入弘福寺，看到这只镶满珠宝的枕头，立刻如获至宝地偷走，并拿到外面售卖。可东西刚拿出不久，小偷就被抓了起来，因为，这样一个枕头，岂是一般富贵家庭可有的？

就这样，高阳公主和辩机和尚的事情，大白于天下。唐太宗一怒之下，将辩机和尚腰斩，并再也不允许高阳公主踏入宫门，还将她囚禁起来。半年后，唐太宗驾崩，高阳公主才恢复了自由身。

高阳公主开始找一个又一个的和尚做情人，她以为那是她的辩机。一个不是，她又去找另一个。她似乎忘记了，世上只有一个辩机。

后来，高阳公主卷入了一场政治案件中，一尺白绫，成了这位公主最后的归宿。她临死的时候，仍说："辩机是我的骄傲，房遗爱是我的耻辱。"

真正的爱，是眼里只有对方，却没有整个世界。

就像高阳公主——纵然焚身亦扑火。

就像辩机和尚——宁负如来不负卿。

高阳公主（公元627年—653年），也称合浦公主。李世民的第十七女，聪明伶俐，备受宠爱，是太平公主的姑姑。

辩机（公元619年—649年），高才博识，文采斐然，是玄奘法师最早的一批译经助手，因帮助玄奘撰写《大唐西域记》而名噪一时。

世间难吐只幽情

终日思君泪空流，长安日远，一夜梦魂几度游。
堪笑辛苦词客，也学村男村女，晨昏焚香三叩首。
求上苍保佑，天边人功名就，早谐鸾俦。
应忘却天涯憔悴，他生未卜，此生已休！
原来她其实是那样爱他，曾经那样思念过他！
可却被世俗，被礼教，被阴阳生生地隔开了……

贺双卿出身清贫，可从小就乖巧过人，伶俐聪明。她6岁时，就常常在私塾窗下偷听先生讲课，而学会了作诗写文。

18岁的时候，她已是芙蓉颜面、窈窕淑女，只可惜，她的父亲早已不在，她的叔父用三石米的价格，把她嫁给了邻村的农夫周大旺。从此后，双卿坠入深渊，酸酸楚楚，只似今朝。

这个叫周大旺的农夫非常粗俗，脾气也很粗暴，再加上她的婆婆也性格乖戾，两个人不仅把家里臼米、推磨、砍柴、做饭的事情都让她做，而且，还动不动就对她拳脚相加。

双卿原本就是个柔弱的女子，得不到怜惜，却只有暴力，她伤心又失落，只好把内心的苦闷写成一首一首的诗。纸用完了，她就写在树叶上；笔没有了，她就用石灰代替。她说，有伤春佳句，酸和苦，生死俱甜。在这样的环境里，诗歌，已经是她唯一的安慰，唯一的希望。

因为备受折磨，她得了疟疾，本来就弱不禁风的身体，就更加虚弱不堪。她做好饭菜，去送给田间的丈夫，可走到半路，疟疾发作了，她倒在地上，颤抖成一团，等身体恢复了一些，她强忍着身体的疼痛把饭送到，周大旺却嫌她送饭晚了，不仅把饭盆扔到她身上，还拿起锄头向她砸来。她在家里臼米臼了整整一个上午，刚刚停下想歇一会儿，碰巧周大旺回到家中，看她坐在那里，就认为她偷懒了，于是对她拳打脚踢。她做饭的时候，疟疾发作而失去了知觉，婆婆走进厨房，看到锅中的粥溢了出来，立刻不问三七二十一，抓住她的耳环一扯，立刻鲜血淋漓。

史震林是当地有名的才子，彼时，他来到贺双卿所在的村子，惊讶地发现了如天人般的她，更发现她有着惊人的才华。在知道了她的遭遇后，他心疼万分，想要帮助双卿离开这样的生活。可她却拒绝了，因为不忍心背弃自己的丈夫。

就这样，他和她擦肩而过。

史震林搜集了双卿的许多作品，他边看边流泪，为这样一个绝世的女才子，为她那悲惨的遭遇。

许多年后，史震林中了进士，他又重游故地，想要探望这个让自己牵肠挂肚的女子。可是此时他才得知，就在他上次离开村庄后不久，双卿就离开了人世，年仅23岁。

他在她的遗作中，发现了唯一一首写给他的诗——《赠史震林》：

终日思君泪空流，长安日远，一夜梦魂几度游。堪笑辛苦词客，也学村男村女，晨昏焚香三叩首。求上苍保佑，天边人功名就，早谐鸾俦。应忘却天涯憔悴，他生未卜，此生已休！

原来她其实是那样爱他，曾经那样思念过他！可却被世俗，被礼教，被阴阳生生地隔开了……

忍着悲痛的史震林，含泪整理了双卿的诗词，并把她的事情写进了《西青散记》中。从此之后，“贺双卿”这个名字，永永远远地留了下来。这，也算是一种慰藉吧。

贺双卿（公元1713年—1736年），清代人，江苏金坛人氏，初名卿卿，因为是家中第二个女儿，故名双卿。后人尊其为“清代第一女词人”，还称她为“清代李清照”。

天涯极目空肠断

惟有爱你到骨子里的女人，

才会在任何时候，都对你不离不弃。

不管你是高官厚禄，不管你是怅然阶下，

不管你近在咫尺，还是远在天边，

她都永远属于你，热爱你，直到生命的尽头。

黄娥是尚书的女儿，从小她的诗文就在京城流传：“金钗笑刺红窗纸，引入梅花一线香。蝼蚁也怜春色早，倒拖花瓣上东墙。”一个活泼可爱的14岁少女被写得那么天真烂漫。何况，她风华绝代，貌压群芳。

杨慎11岁就能写诗，23岁时考中状元。他曾经写下了千古名篇《临江仙·滚滚长江东逝水》：

滚滚长江东逝水，浪花淘尽英雄。是非成败转头空，青山依旧在，几度夕阳红。

白发渔樵江渚上，惯看秋月春风。一壶浊酒喜相逢，古今多少事，都付笑谈中。

黄娥拜读过杨慎的诗文，心中对他充满了倾慕。而杨慎也知道，尚书家有一个聪明过人、才貌双全的小妹妹。

杨慎28岁的时候，结发妻子去世。不久之后，18岁的黄娥嫁给了杨慎。才子才女，吟诗作对，两情相悦，甜蜜无限。

可他们平静美满的生活只持续了5年，杨慎得罪了明世宗，被杖刑后发配至云南。黄娥听说之后，毅然离开京城的温柔富贵乡，一路护送丈夫南下，精心照料丈夫，誓与之共生死。那些奸人佞臣派人前来暗杀，可跟随了一路，因为黄娥严加看管，一直没有下手的机会。

她陪他在云南吃糠咽菜，没有任何怨言。只可惜，他的家中还有老小，她只好挥泪别了夫婿。泪流襟上血，愁穿心上结。这一别，就是30年。昔日的千金大小姐，默默地挑起了家庭的重担，养护老人，哺育幼儿，从青春年少的娇俏小娘子，直到成为两鬓雪霜的老妇人。

杨慎70岁时，本可以回到妻子身边，可明世宗不肯放过他，令爪牙将他抓回云南。半年后，杨慎悲愤而死。这时，黄娥也已经年过花甲，但她不顾自己身体，徒步前往云南，迎接丈夫的灵柩回乡。

鸟啼花落人何在，竹死桐枯凤不来。可无论这一生际遇如何，杨慎还有一个黄娥，生死追随。

杨慎（公元1488年—1559年），字用修，号升庵，明代文学家，与解缙、徐渭并誉为“明朝三大才子”。他11岁能作诗，12

岁拟作《古战场文》《过秦论》，号称神童。他是四川新都（今成都市新都区）人，为正德六年（公元1511年）状元。

黄娥（公元1498年—1569年），杨慎之妻，人称黄夫人，明代女文学家，字秀眉，现四川省遂宁市人。其父亲黄珂，是明朝成化年间的进士，官至工部尚书。

犹对残红一怅然

憔悴幽花剧可怜，斜阳院落晚秋天。
词人老大风情减，犹对残红一怅然。
她只爱他，因爱不得而死去，
他却永远为爱未得而惆怅。

他那时只有11岁，去婶婶家玩耍。她是婶婶买来的小丫鬟。他看到她如海棠花一般的容颜，立刻就喜欢上了她。“郎骑竹马来，绕床弄青梅。”他们度过了无忧无虑的几个月后，他的父亲就带他去了京城。临走前，他把自己扇子上的玛瑙吊坠送给了她。

6年后，他已是仪表堂堂。重回故里，他见到她更加俏丽动人，犹似院中海棠开。

她还珍藏着他的吊坠，他摘下一朵海棠，戴在她的鬓角，告诉她，他一定会娶她的。她娇俏地望着他，海棠人面相映红。

可他是官宦子弟，她只是一个卖身为奴的丫头，她做不了他的妻子。他的家里给他定下了门当户对的千金小姐。他暴怒抗争，以死相挟。他母亲只能行缓兵之计，说道，先娶了千金大小姐，再中了乡试，你才有资格纳妾，娶她。

为了娶她，他只有应允了。

他向她发誓，等他高中状元之后，一定回来娶她。

她的卖身契到时间后，她自由了，于是，她回到自己的家乡等他。她知道他一定会来。

2 年后，他真的高中了解元，他赶紧差人去她家求亲。可她哥哥是个无赖，听说一个少爷来家里提亲，于是狮子大张口，要一千两聘礼。提亲之人回家后转告了他的母亲，但是他的母亲不愿意花那么多钱娶一个丫鬟进门，于是这事情就此搁下了。

她只知道他高中了，该到实现承诺的时候了，可他一直没有来。她想，也许他现在春风得意，早已经忘记她这个卑贱的小丫鬟了吧？她哥哥迟迟不见那边送聘礼过来，恼羞成怒，天天责怪她，埋怨她。她心里的希望，渐渐地熄灭了。一个晚上，她口吐鲜血之后，便魂消香断了。

他对母亲、夫人百般请求，终于得到了应允，于是他亲自带着银两，迫不及待地来到她的家乡，可迎接他的，却是一座孤坟……

后来，他常常想起她在海棠树下的笑脸，但忍不住心肝俱裂。于是，他在自己家的院落里，亲手种下一棵海棠树。每当海棠花开

时，就仿佛看见故人，假装她一直在自己身边，假装她从未走远。

他还为她写了一首诗《秋海棠》：

憔悴幽花剧可怜，斜阳院落晚秋天。
词人老大风情减，犹对残红一怅然。

她只爱他，因爱不得而死去；他却永远为爱未得而惆怅。

他，是著名才子纪晓岚。她，是小丫鬟文鸾。

他永远记得她海棠般的笑脸。

纪昀（公元 1724 年—1805 年），字晓岚，又字春帆，晚号石云，又号观弈道人，献县（今河北献县）人，从小聪颖过人，有神童之称，乾隆十九年（公元 1754 年）进士，著名学者、政治人物，官至礼部尚书、协办大学士，曾任《四库全书》总纂修官。

歌尽桃花扇底风

不管多么出众的女子，她最好的心愿，

也不过是和一个自己爱的男子，厮守终生。

温柔纤小，才陪玳瑁之筵，宛转娇羞，未入芙蓉之帐。那时，她只有 16 岁，是秦淮河畔最红的姑娘。

他 21 岁，是赴京赶考的书生，也是名声远播的四大才子之一。

俩人一见倾心，他给她写下一首诗：

绰约小天仙，生来十六年；
玉山半峰雪，瑶池一枝莲。
晚院香留客，春宵月伴眠；
临行娇无语，阿母在旁边。

他们想长相厮守，可她是享誉秦淮河的红牌，梳拢不仅要很大一笔银两，还要宴请当地各方有头有脸的风流雅士，他只是一介书

生，只能望洋兴叹。此时，他的一个朋友雪中送炭，借给了他一大笔钱财，她终于只属于他了。他送给她一把雪白的绢扇，扇上吊着他祖传的坠子，倾心之至。

甜蜜还没散去之时，她得知那些钱是一个叫阮大铖的人假托朋友之手给他的。阮大铖本是有名的文学家和戏曲家，可人品却不怎样，曾经和魏忠贤狼狈为奸，给他这笔钱，是想让他成为自己的幕僚，以期自己以后东山再起之时，协助自己一臂之力。

她拔下头上的金钗，掷在桌上，厉声骂他。接着，她变卖了自己的首饰细软，硬是还上了那笔钱。她的义举，让他对她肃然起敬。

阮大铖深感颜面无存，恨死了他和她。恰好，李自成的铁蹄踏破了北京城，崇祯自缢，弘光新皇朝在南京建立了，阮大铖被任命为兵部尚书。即刻，他便成了要犯。他逃到扬州，成为史可法部下，为抗清报国效力。

他和她书信往来，甜蜜依旧。她对他说："好男儿志在四方。如果不能心心相印，就算日日同床共枕，也会形同陌路。倘若永结同心，即使千山万水，也会魂来梦往！"

她从此闭门谢客，洗尽铅华，思念和等待着他的归来。可阮大铖并不甘心，找不到他，就心生不安，于是怂恿权贵前来抢她为妾。她手执他送的白绢扇，从媚香楼上纵身跳下，顿时鲜血满地，一时惨不忍睹。抢亲队伍只好悻悻离去。

那把白绢扇上，溅上了她的点点鲜血。她用笔轻轻点点，转瞬，那些鲜红的血液，都变成了艳丽无比的桃花！

阮大铖又使计将她送入宫中充为歌姬，此时明朝已亡，她又回到了秦淮河畔，本想回到媚香楼在那里继续等待他，可没想到，她在一座桥上崴了脚。那边，石板桥上，她在痛苦地呻吟；这边，媚香楼下，他在探寻她的足迹，他们就这样擦肩而过了。

等他再一次知道她的消息时，她已经气若游丝，等他赶到，她已香魂归西，只给他留下那把用鲜血画就的桃花扇，以及一缕青丝。她临终之时，还未忘记叮嘱他："公子当为大明守节，勿事异族，妾于九泉之下铭记公子厚爱。"

他再也不理世间纷争，回到了老家，一心一意地写书、著作。

渔樵同话旧繁华，短梦寥寥记不差。
曾恨红笺衔燕子，偏怜素扇染桃花。
笙歌西第留何客，烟雨南朝换几家。
传得伤心临去语，年年寒食哭天涯。

后来，他在对她的思念中悒悒而终，死时只有36岁。

她是一代义妓李香君，他是翩翩才子侯方域。

侯方域（公元1618年—1654年），字朝宗，今河南商丘人，明户部尚书侯恂之子。他与方以智、冒襄、陈贞慧称为明末四公子。

李香君（公元1624年—？），又名李香，南京人，名妓，"秦淮八艳"之一。自孔尚任的《桃花扇》于1699年问世后，李香君遂闻名于世。

相思化作杜鹃血

有些人，只有短短的一生，
却有长长的、凡人无法企及的爱恋
——唯一的爱恋。

他是身世显赫的名门之后，康熙皇帝的贴身侍卫，春风徘徊在眉梢的翩翩公子。20 岁时，他娶了她——两广总督的女儿。他们郎才女貌、门当户对、相知相爱，那样般配，犹若神仙眷侣。

可惜，他要常常跟着皇帝出巡，一走就遥遥无归期。风一更，雪一更，她忍着万般思念、千种相思，却无法言说。山一程，水一程，他在休息的间隙，给她写下浓情蜜意的锦书，却又怕自己的那种相思，令柔弱的她无法经受住。

就这样，两个人聚少离多。总是离别，总是断肠，总是相思。仅过了 3 年，她因难产而死，年仅 21 岁。

她的灵柩放在禅院中，准备第二年才归祖茔。他常常一个人到

禅院中，陪在她的灵柩旁边，他怕她害怕。夜深人静，他在她的灵柩边失声痛哭，想起她曾在他醉酒的时候，轻轻走过来给他盖好被子；想起两人打赌背诵书中的诗句，谁输了，就给谁身上泼茶水，而如今，衣服上的茶香仍在，人却阴阳两隔。玉笛吹成血，泪如秋林沥，更深只有残灯伴，酒醒不见梦中人。就连看到月亮，他也觉得无法面对，因为这是他们共赏过的旧明月。

他常常梦到她来到自己身边，和自己吟诗作对，笑颜盈盈，可醒来的时候，她却不见了踪影。为了和她相见，他在风雨中倾听着两人常常欣赏的乐府曲子，他希望自己昏睡过去，她来到自己的梦中。可她终究不见影子。于是，他又拿起画笔，想要画下她的容颜，可刚画了几笔，就呜咽不已，画不下去了。

他梦见她素衣淡妆，执手哽咽，对他说："衔恨愿为天上月，年年犹得向郎圆。"他舍不得醒来。醒来之后，更是深哭一场。

他无处不伤心，于是写了一首又一首想念她的词，他的长相思，如杜鹃啼血终成疾。30岁，他得了一场寒病，追随她而去了。

纳兰性德，这个痴情贵族公子，终于和他的妻子卢氏团聚了。

纳兰性德（公元1655年—1685年），原名成德，字容若，号楞伽山人，清初著名大词人，与项鸿祚、蒋春霖在清代词坛分鼎三足。他是大学士明珠长子，康熙十五年（公元1676年）进士，官至一等侍卫。其留有词集《纳兰词》。

为奴开取缕金箱

不是谁都有这样的勇气，爱上欢场中的女子。

不是每一个欢场女子，都无情意没真心；

不是每一个真心诚意爱上男人的欢场女子，

都会被辜负。

他是年少得意之人，20岁时就因诗文名声大噪，是闽越之地考中进士的第一人，风光无限，前途光明。

她只不过是山西一个小小的乐妓。他去那里游览，遇见了她，爱上了她，两人抵死缠绵，难分难舍。

他要离开山西回京城，并信誓旦旦地对她说，我一定会回来接你的。她双泪涟涟望君颜，心碎肠断忍相看。可他终究是要走了。他为她写下诗句：

驱马渐觉远，回头长路尘。

高城已不见，况复城中人。

去意既未甘，居情谅多辛。
五原东北晋，千里西南秦。
一屦不出门，一车无停轮。
流萍与系瓠，早晚期相亲。

回到京城，他受到重用，就职于国子监，繁忙异常。他一直思念着她，期待着闲暇之时，去太原接她到京城。可一晃，一年过去了。

她在太原望穿了秋眸，也没有等到心爱的檀郎。日思夜想，她终于一病不起，香魂归西。临终之前，她挣扎着从病床上坐起，将自己的云鬓剪下，装入一个小匣中，并嘱咐丫鬟，要将这个当成信物交给他。她泣血作诗云：

自从别后减容光，半是思郎半恨郎。
欲识旧时云髻样，为奴开取缕金箱。

之后，她便气绝身亡。

一日，他终于明白自己根本无暇去亲自接她，于是派人去了太原。他朝也盼，暮也盼，以为会看到她如花的笑颜出现在自己面前，会甜蜜不已。不料，侍者却捧着一个小匣，回到他的身边，带回亡人的消息。

打开那小匣，仿佛还带着她体温的云鬓令他肝肠寸断，那首泣血之诗，更是让他心碎如齑。他颤抖着双手，把她的遗物拥抱在怀中，可斯人已去，空悲切！

他大哭不止，倒在地上，十日之后，也驾鹤西去。

上穷碧落下黄泉，他也要找到她。因为，他们曾经对月发誓：只愿君心似我心，定不负，相思意。

欧阳詹（公元755年—800年），字行周，福建泉州晋江潘湖村人。贞元八年（公元792年），欧阳詹与当时著名青年文士贾陵、韩愈、李观、崔群等22人同登金榜，并称“龙虎榜”。

最难释怀离人泪

真爱就是真爱，不管因为什么原因被迫分开，
一辈子，直至到死，都会想着念着那个人。
就像王献之，一直到死都想念着郗道茂。

他们两家都是名门望族，她比他大一岁，是他的表姐。

从小，他们就在一起嬉戏玩乐，情投意合。到了婚嫁的年纪，他娶了她。他是有名的才子，她是出色的美人。真正的郎情妾意，郎才女貌。

他的父亲王羲之置办了大片的山林，他喜欢这样的田园生活，

整天带着她纵情于山水之间，吟诗、品茗，逍遥自在。

可这平静却被公主打破了。公主爱他的俊美、才华、潇洒、脱俗，哭着闹着和驸马离了婚，找太后撒娇，找皇上耍泼，非要让皇上下旨，让他娶自己。

他并不喜欢公主，何况，他们的女儿刚刚夭折，她怎能忍受如此大的打击？

他那样爱她，于是想出一个办法，用艾草烧残了自己的脚。可公主说，不管他残疾到什么程度，都愿意嫁他。

如果抗旨，他的整个家族就要全部被灭。覆巢之下焉有完卵？他含泪写了休书。她痛苦地离去，无奈与君绝，梦里几番哀。此时，她的父母都已不在，她只好寄人篱下，痛苦地生活。

凰去了，凤空留。他成了驸马，官职也一升再升，虽然风光优越，可他的心里，却再也没有开心过。他常常想着她，给她写信，可一封都无法寄出，到处都是公主的眼线。想到她没有了父亲，没有了女儿，又没有了丈夫，他总会忆起前生梦，暗弹相思泪。

也许是忧郁成灾吧，42岁时，他再也活不下去了。临终，有人问他，你还有什么放心不下的事情？他说，没别的了，只是和她离婚……

王献之（公元344年—386年），小字官奴，著名书法家、诗人，生于会稽（今浙江绍兴），王羲之第七子，在书法史上被誉为小圣，与其父并称为“二王”。他曾任建武将军、吴兴太守，征拜中书令，故人称“王大令”。

郗道茂（生卒年不详）：王献之第一任妻子、表姐，东晋著名大臣郗鉴的孙女。

不上兰舟只待君

最好的爱，有时不是相知，而是给足信任、自由。
当你知道的时候，
这个世界上唯一这样爱你的那个人，已经不在了。

谁也不知道他的真名，只知道他姓黄，只知道他是才女吴藻的丈夫。他是当地最有钱的商人，读书甚少，不懂诗文，因此，对诗名在外的吴藻，倾心仰慕。

她琴棋书画样样精通，尤其是填词，被人称为当代柳永。她出生于富有的丝绸商家庭，她的生活就是月下抚琴，雪中赏梅。只是，当时她已经22岁。在清代，这个年纪已经是老姑娘，是嫁不出去的。

可他却如获至宝，用十六抬大轿子把她接进门，像宝贝一样供养着她。他给她准备了大大的书房，上千册的藏书，让她徜徉在自己的世界里。吴藻惊喜万分，以为他也是读书人，于是在他回来之后，将自己的诗文念给他听，他频频点头说“好”。可等吴藻念完，却发现他已经睡着了。

吴藻失望万分，她没想到自己竟然嫁给了这样一个俗人——不解风情，不懂情趣，每天只知道赚钱，晚上回来像死猪一样呼呼大睡。真是无限恨，卿不怜我。

心高气傲的吴藻闷闷不乐，虽然他对她百依百顺，无微不至，把所有的一切都安排得妥妥当当。她能做的就是写诗，可是，她感觉到窒息，没有谁理解她那颗高傲又敏感的心。

他看到吴藻不开心，自己又忙于生意没有办法陪吴藻，于是，他便找来一些文人雅士陪她一起吟诗作对。慢慢地，吴藻开始融入了圈子，那些文人雅士也对吴藻崇拜之至。后来，吴藻开始应约一些开明人士出去游玩，同登酒楼，泛舟湖上，吟诗作对，常常带醉而归。吴藻玩得不亦乐乎，竟发出“愿掬银河三千丈”，一洗女儿故态的感慨。

这在社会风气保守封建的清朝，是怎样出格和伤风雅的行为。可他从不说她半句，反而怂恿她出去玩耍，只要她开心。

吴藻越来越大胆，最后竟然穿上了男儿衣服，和诗友们一起出门，跑到风月场所喝花酒。眉清目秀、身材高挑的吴藻穿上男装后，俨然一个翩翩俏公子，惹得青楼姑娘们青眼相加。后来，一个林姓姑娘居然真的爱上了她。而她，竟也逢场作戏，和姑娘眉来眼去，还写情诗给对方。这些，他全不怪她。

10年过去了，她没有给他生一男半女，还一边放浪形骸，一边伤感悲悯，觉得命运不公平，没有给自己一个脱俗的丈夫。

因为劳累，他忽然被一场大病夺去了生命。他死了，她却不那

么悲伤。

但是渐渐地，她忽然发现自己失去了这个世界上最珍贵的宝贝，再也没有人对她嘘寒问暖，再也没有人跟前跟后，再也没有人在她身边发出沉重的鼾声……剪烛西窗少个人，不上兰舟只待君。

32岁时，她的心忽然就安静了。“欲哭不成还强笑，讳然无奈学忘情”，她在自己的词中写出对他的思念，对他的感激，对自己的后悔。她在他留给她的香榭楼阁里，把自己所有的诗词编著成册，从此，再也没有出去玩闹，再也没有爱过任何人。

吴藻（公元1799年—1862年），字苹香，自号玉岑子，仁和（今杭州）人。她出身于商贾之家，琴棋书画样样精通，尤其填词更甚，是清代著名女词人，与徐灿、顾太清、吕碧城并称“清代四大才女”，著有《花帘词》和《香南雪北词》，其杂剧《乔影》亦享有盛誉。

黄先生（生卒年不详），吴藻的丈夫，商人。

自古痴情难如我

那个让他爱疯了的她，在历史史册上没有留下名字，

可一个女人，能让一个男人这么痴迷，

这么疯狂，这么不顾一切，

那么，就算她红颜已逝，又有什么遗憾呢？

他是魏文帝时的征南将军和荆州刺史，魏文帝曹丕和他从小一起长大，很亲近他，就算做了皇帝，也跟他形影不离，吃饭睡觉玩乐都让他陪着，还把妹妹德阳公主嫁给他做老婆。

最初的时候，一切是那么地平静和幸福，他是皇帝的座上客，身居高位，他的妻子又身份尊贵。

可没想到，这一切，都被一个女子打破了。他只是偶然遇到了她，她是身份卑贱的贫民，可淡眉如秋水，玉肌伴轻风，她的一颦一笑、一言一行，都显露出无限的风情。他才发现，原来真正的女人，应该是这样柔美娇弱、我见犹怜的。

他不顾一切地娶了她，和她沉醉在温柔乡中无法自拔，将妻

子——公主冷落在了一边。

金枝玉叶怎能受得了这样的羞辱，跑到皇帝面前，哭诉他的薄情寡义。皇帝立刻龙威大发，派人到他家中，抓住她，将她绞杀而死。

他无力保护自己的女人，眼睁睁看着她在自己面前哭泣、挣扎，然后无奈地痛苦死去。他感觉自己的心，像被万箭穿过。

他再也没有心思上朝，无论皇帝怎样下圣旨召唤他。他每天在家中痛哭，哭到无法自已，就跑到她的坟头上哭。最后，他再也按捺不住自己的思念，刨开了她的坟，把她从棺木中抱出来，搂在怀中，号啕不已。

就这样过了一段时间，他终于病倒了。不到一年，他也离开了人世。这一年，他只有 40 岁。但愿长无别，合形作一躯。生为并身物，死为同棺灰。他终于和她一起去做比翼鸟、连理枝了，人间荣华富贵，都是浮云。

这个男人，就是在三国时驰骋战场的战将夏侯尚。那个让他爱疯了的她，在历史史册上没有留下名字，可一个女人，能让一个男人这么痴迷，这么疯狂，这么不顾一切，那么，就算她红颜已逝，又有什么遗憾呢？

夏侯尚（公元 185 年—225 年），字伯仁，三国时代曹魏的武将，是曹操的重要部下夏侯渊的侄子，是曹丕的好友，曹操时期一直受到重用，历任军司马、五官将文学、黄门侍郎。魏文帝曹丕继位后，他升为征南大将军，后封爵平陵乡侯、昌陵乡侯。

从此萧郎是路人

红豆生南国，春来发几枝。
愿君多采撷，此物最相思。

他是南朝的太子，萧统。
她是草庵中的尼姑，慧如。

可是，在青山之下，绿水之上，集市之中，他偶遇了她。
相逢却似曾相识，未曾相识已相思。

他风流倜傥，才学深厚，她与他谈古论今，思维敏捷。
他在寺中编选《文选》，她为他红袖添香。他不再是太子，她不再是尼姑，什么人间天上已然不见，他眼中只有她，她眼中只有他，只羡鸳鸯不羡仙。他听着她的歌，看着她的笑颜，说：有此清歌做伴，何必丝竹污耳呢？有慧如相伴，何用姬妾成群？

但，谁也挣脱不了世俗的约束。

神仙般的日子倏忽而过，他的《文选》编完了，回京的时间到了。

他不愿意回家，他只要和她在一起。

她说，你可以不要天下，但是天下不能没有你。

他握着她的手，情意绵绵：慧如，等我。来日，我要凤笙龙管、紫盖香车迎你回京。

她未语泪先流，拿出两颗红豆：太子，这是相思的妇人的泪凝成的……如果你再也见不到我，那就见豆如见人吧。

他走了，带走的是她的七魂六魄。望眼欲穿之后，她终于憾然离去。

等到他再次回到顾山，想要告诉她自己斗争良久，终于得到特赦，可以娶她的好消息，迎接他的却是红颜已逝坟茔哭。

他含泪给她曾在的庵写下一个横匾：红豆庵，然后亲手把两颗红豆种在她的坟上，黯然回京。几个月后，他也离世。上穷碧落下黄泉，他们终于得以相见，并且永远不分开了。

唐代的诗人王维路过此地，听说他们的故事后，提笔写下了一首诗《红豆》：

红豆生南国，春来发几枝。
愿君多采撷，此物最相思。

他和她的故事，从此被熟知。

萧统（公元 501 年—531 年），字德施，小字维摩，梁武帝长子、太子。他 8 岁便能登台讲《孝经》，被誉为神童，是南朝梁代著名文学家，谥号“昭明”，故后世又称其“昭明太子”，主持编撰的中国最早的一部诗文总集《文选》，又称《昭明文选》。

慧如（生卒年不详），草庵尼姑，萧统的恋人。

唯有相思摧心肝

一个女人，能被一个男人像珍宝一样地宠爱过，
刻骨铭心地爱过，
那么，她的一生算完美了吧？
一个男人，无论他是帝王还是平民，
如果被一个女人倾心地体贴过，心疼过，
是否也不会再有遗憾了呢？

身为帝王，却不能征服心爱女人的心，当有多大的挫败感。曹丕就是这个失落的帝王。

他爱上了甄妃，强娶为妻，而甄妃，这个绝色倾城的女人，心里却只有他的弟弟曹植。曹丕万分痛苦，在甄妃死后，他虽有后宫

粉黛无数，可任何一个女人，都入不了他的眼，直到薛灵芸出现。

在江南，有一个心灵手巧、美貌倾城的姑娘，叫薛灵芸，她被人们称为“针神”，她绣的飞鸟，会引起顽童用弹弓弹射；她绣的花朵，会让蜜蜂、蝴蝶停驻。她的美貌，更是让无数的少年蜂拥到她家门前，想一睹她美丽的容颜。

这一年，她 15 岁。离开父母的时候，她不知道自己将奔赴一个怎样的世界。一路上，她坐在马车上不停地哭泣。虽然，从她离开家的那一刻开始，路边就有人不停地在为她焚香；虽然，在离洛阳城还很远很远的地方，路边就点燃了无数的红烛，一直从郊区燃烧到京城，将黑夜点燃成白昼；虽然，皇帝特意制作了像宫殿一样的马车让她乘坐；虽然，皇帝在郊外修了三十丈的高台来迎接她，可这些奢华都代替不了她离乡的哀愁。当她到达洛阳城外，见到皇帝之时，专门用来接她眼泪的玉唾壶中，已经凝了一片血泪。

一夜芙蓉多血泪，佳人已到君王边。曹丕见到清新美好如荷花一样美丽的薛灵芸，欢欣不已。他对薛灵芸宠爱、心疼，他人送给薛灵芸一支十分珍贵的钗子，他却怕钗子太重，让她受累。

薛灵芸不懂得宫中的繁文缛节，她只是把曹丕简简单单地当成自己的丈夫，爱戴他，呵护他，为他操劳。食共并根穗，饮共连理杯，衣共双丝娟，寝共无缝裯。她每天给他缝衣服、侍奉他吃饭和睡觉，不想权力的纷争和皇室的倾轧。夜晚，宫中点着蜡烛，灯火通明，薛灵芸却劝曹丕不要浪费资源，只留下一根蜡烛让自己做衣服就够了。于是，曹丕就吹掉其他蜡烛，坐在唯一的一根蜡烛旁，看薛灵芸灵巧地为自己裁剪衣服，心中泛起甜甜的柔情。

薛灵芸的温柔、体贴和那种与世无争的人生态度，都深深地慰藉着曹丕的心，他也宠爱她到了无以复加的地步：他在宫中造了高台，让她思念家乡的时候，可以站在上面远眺；他还造了流香池，池中有田田的荷叶，美丽的荷花，一派江南风光，他常常划着船，载着薛灵芸在荷叶中穿行，以解她的思乡之情。

欢娱朝云复暮雨，朝云暮雨悦君怀。可惜，这样神仙也羡慕的日子，他们只过了 5 年。曹丕驾崩了，这一年，他只有 39 岁。而她，只有 20 岁。临终之前，他遣散了所有的后宫佳丽，当然也包括她。

她回到了自己的家乡，从此就像消失了一样。

薛灵芸（生卒年不详），三国时期魏国人，常山真定（今河北正定）人，魏文帝曹丕的妃子，魏文帝改其名曰夜来。

魏文帝曹丕（公元 187 年—226 年），字子桓，沛国谯（今安徽省亳州市）人，曹操的次子，三国时期著名的政治家、文学家。其作品《燕歌行》是中国较早的优秀七言诗，他写的《典论·论文》，在中国文学批评史上占有重要地位。与其父曹操、其弟曹植并称为“三曹”。

美人总被前程误

虽然她并未嫁给他，
可她对他的大爱，
却永远流传下来，
让世世代代的人，都那样景仰。

严蕊，那时是红遍大江南北的才女。虽然她的身份是官妓，可是她多才多艺，又倾国倾城，最绝的是填词，几乎出口成章。她温玉凝肤，乌发云簪，明眸皓齿，见到她的男人无不失魂落魄。她挥毫能赋谢庭雪，诗比男儿多豪爽，许多男人倾慕她，不远千里只为来见她一面。

台州知州唐仲友非常喜欢严蕊，严蕊也对他一片深情，只是，那时候有个不成文的规定，官妓可以陪官员歌舞升平、玩乐取闹，但不许他们发生亲密关系。

为了不影响唐仲友的前途，严蕊忍痛切断了自己一条绝好的退路。要知道，“从良”那是多少官妓梦寐以求的事情。

不久，朱熹奉皇帝之命前来浙江放粮赈灾。朱熹对严蕊的才华、美貌早已垂涎，一到台州，就迫不及待地找严蕊前来陪酒、唱歌、吟诗。严蕊真是碧梧初出，桂花才吐，她像荷花一样盛开在朱熹面前。

严蕊拒绝了朱熹侍寝的要求。朱熹听说严蕊和唐仲友的事情后，于是找此借口将严蕊投到狱中，严刑拷打，让严蕊交代和唐仲友有肉体之合。

严蕊白嫩的小手被夹得鲜血淋漓，精致的玉足也血肉模糊，朱熹还亲自上阵，拿着荆条抽打严蕊裸背，可这样折磨了一个月，严蕊死也不说那个他想要的答案。

唐仲友听说严蕊的事情，立刻带人包围了朱熹所在的地方，誓言要抢回严蕊。

朱熹连夜将严蕊转移了地方，准备进行更加可怕的严刑拷打。狱卒对严蕊说：姑娘，你何必这么傻呢？把唐仲友拉下水，你就没事了，何必受这么多罪呢？

严蕊却用沉默回答。

后来，许多官妓包围了衙门，让朱熹放出严蕊。事情越闹越大，皇帝终于知道了。他将朱熹调到了另一个地方，让岳飞的儿子岳霖接替工作。岳霖弄清实情后，知道严蕊是冤枉的，于是将她当场释放，脱籍从良。

唐仲友的好朋友洪迈将此事写进了自己的小说《夷坚志》里，严蕊的名气更大了。可严蕊要的不是名气，她要的是唐仲友的安好。

严蕊（生卒年不详），原名周幼芳，南宋台州官妓，容貌秀丽，通古达今，丝竹歌舞，无一不精。著名女词人。

唐仲友（公元1136年—1188年），字与政，金华人，绍兴年间进士，曾知台州，官至殿中侍御史，以直言见称，为“金华学派”创始人。

红桥已做断肠流

许多女子，一旦爱了，就会全力以赴，付出所有，
不管他是回应、冷落、辜负，
直到蜡炬成灰，直到春蚕至死。

她本是大家闺秀，可惜幼时父母双亡，流落福州，被姨母养大，改名张红桥。“半抹晓烟笼芍药，一泓秋水浸芙蓉”，便是她的写照。她又因诗文绝佳，名闻天下。达官贵人，争相竞聘。

就算她沦落成风尘女子，她亦想要灵魂的伴侣，亦想要与自己心心相印的才子相伴。于是，她举行了赛诗会选婿。方圆百里内的才子，无不争先恐后。

可惜，那些凡夫俗子的平庸之作，根本入不了她的眼睛，她宁可辜负春光，也不想跟俗物共度。

他本是“闽中十大才子”之首，被朱元璋赏识，曾亲自主持殿试，只是性格过于刚硬，不愿与歹人同流合污，于是便丢了官。恰巧他的妻子刚刚离世，他感到人生灰暗，只好郁郁回到家乡。

他恰好住在她的邻院。偶然间，他看见国色天香的她在院中焚香，惊为天人，于是写了一首赞美她的诗，装在香囊中托人带给她。

桂殿焚香酒半醒，露华如水点银屏。
含情欲诉心中事，羞见牵牛织女星。

一首出尘的诗，就这样打动了她的心。

他们隔墙传诗，感情越来越炙热，终于抵挡不了对彼此的向往，他们搬到了一起居住。这真是芙蓉作帐锦重重，比翼和鸣玉露中。她是那样满足、幸福。

她以为，这就是一生了。

可好男儿志在四方。一年后，他岳父带信给他，让他去京城任职。不管有多少依依不舍，她只能放手，他只能走。她的软语叮咛，柔情婉恋，融尽肝肠铁般男儿的心。

他是那样地想念她，给她接连写了一组七首诗，每一首的最后一个词，都是她的名字。“想也红桥”，“思也红桥”，“梦也红桥”，

“醒也红桥”，她看得泪如雨下，却也心生担忧，因为他只说了思念，却没有说将来。她茶不思饭不想，数月之后，竟香消玉殒。

他也曾要不顾一切去娶她，可他岳父说，她终归是个妓女。他有些犹豫了。在梦里，佳人出现，她的泪眼打湿了他的心。终于，在离别一年后，他不顾一切地回去看她，想要给她一个承诺和归宿。

可惜，迎接他的，是她已经驾鹤西去的噩耗。她床头留着一副诗笺，是一组七首诗，每一首的最后一个字，都是他的名字——“鸿”。

柔肠百结泪悬河，掩玉埋香可奈何！他的心，就这样一片一片地碎了。

张红桥（生卒年不详），原名张秀芬，明初才女，闽县（今属福建）人，居红桥，因以自号。

林鸿（公元1368年—？），字子羽，福清县城宏街人，曾受到明太祖赏识，闽派领袖人物，“闽中十才子”之一。

犹如明月照清风

她只是想被他宠爱着，快快乐乐地过完一生。
许多女人的心思都如此单纯美好，
可许多男人并不这么想。

她自幼丧母，父亲被处了宫刑。她身世凄凉，右手从生下的那一天起就蜷缩在一起，无法掰开，但她的容貌却是宛若明珠。

十七八岁的时候，她在路上遇到了汉武帝，汉武帝顿时被她的风华绝代吸引了，他竟然轻而易举地就掰开了她的右手，令人惊奇的是，她那只残疾的手中握着一只玉钩。

她就这样成了汉武帝的宠妃，这一年，汉武帝已经是个53岁的老头子，但对年轻漂亮的她宠爱入骨，称她“钩弋夫人”。他在长安城里专门建了一座豪华的宫殿，取名“钩弋宫”，供她居住。第二年，她怀孕了。第三年，她为他生下了一个儿子，他更加宠爱于她。因为她怀孕14个月才生下儿子，汉武帝便给她的宫门题词“尧母门”。

她以为，生活就是这样幸福、富贵，要风得风，要雨得雨，那个威武的皇上会永远爱她、宠她。

可惜，她的幸福很快就被打破了。她的儿子被立为太子，她以为那是爱的表现，内心甜蜜而幸福。他声称要带她去避暑，她欢天喜地地去了，她太天真太纯洁了，压根儿就没想到，刚进到宫中，左右侍卫就把她抓了起来。她不知道怎么回事，惊慌失措地把自己头上的钗子卸下，扔在地上，低头认错。其实，她根本不知道自己哪里错了。

可汉武帝却示意侍卫将她拖走，她才有了不祥的预感。她哭泣着求他，他却狠心地挥挥手说，你走吧，你必须死。她被杀死了，年仅25岁。她死的那天，长安遮天蔽日，狂风大作，整个世界都在哭泣。

这个单纯的女子，她不知道，正是因为年轻害了她。汉武帝害怕自己死后，太子还小，而她正值盛年，会出现吕雉那样的悲剧——自家的江山落到外姓手中。

可其实，赵钩弋，这个像泉水一样清澈的女子，她只是想被他宠爱着，快快乐乐地过完一生。

赵钩弋（公元前113年—公元前88年），即钩弋夫人、拳夫人，西汉河间（今河北献县东南）人，汉昭帝刘弗陵之母。

汉武帝刘彻（公元前156年—公元前87年），字通，汉景帝刘启的第十子，16岁登基，在位54年。他开创了西汉王朝最辉煌的时期，是中国历史上最伟大的皇帝之一。

微时故剑吾最念

糟糠之妻不下堂，

哪怕是用皇位来要挟，他也不为所动。

这样的男子，怕是天上的神仙下到凡间的吧？

他，是汉武帝的曾孙。他出生的时候，大汉王朝正处在血雨腥风之中，他的父亲投湖自尽，他的母亲和许多亲眷都被杀光。他还是个嗷嗷待哺的婴儿，也一样被投进了牢狱中。

历尽艰难与困苦，5 岁那年，他终于被特赦出狱，回到了鲁地自己的祖母家中。

他结识了一位忘年交，一个受辱成为宦官的狱官，并认识了宦官的女儿——她，许平君。

这年，他已经 17 岁。

他身无分文，无依无靠，有的，只是一个没落王孙的头衔。可她的父亲喜欢他，要将她许配给他。

他搬进了她的家中，她欢欢喜喜地侍候他，体贴入微地关怀他。17 年来，他第一次品尝到温暖的滋味，是真正的久旱逢甘霖。

第二年，她为他生下一个孩子。就在孩子快满百天的时候，他忽然时来运转了——大臣霍光选中他，令他成为了汉朝的第十任皇帝——汉宣帝。

他和她都以为苦尽甘来，谁料这却是一场祸事。

他当上皇帝不久，霍光将自己的女儿送入宫中，成为了他的嫔妃。皇帝大典之后，选皇后的事情，就摆上了日程。

宫里宫外，上上下下，谁都不敢不选霍光的女儿，当他看到大臣们集体上书要求霍光的女儿做皇后时，他顿时感觉日月无光。

他下了一道诏书，这也许是全天下最浪漫的诏书了吧。诏书中说道：我在贫微的时候曾经有一把剑，现在我十分想念，请你们帮我找回来吧。

就这样，她成了大汉皇后。

霍光暴怒至极，四处寻找机会，想要杀死她。

三年后，她又为他诞下一个小公主，可她却不知道，那碗递过来给她服下的所谓补身之汤，里面却有着剧毒，她就这样含恨归西。

他心痛不已，身为皇帝，却连自己最爱的人都保护不了。他发誓，一定要为她报仇。

霍光的女儿终于如愿以偿做了皇后，心心念念想害死太子。可太子是她生的孩子，他找来一个忠心耿耿的奶娘，每一次吃饭，奶娘都要先试吃过，确定没有问题，才让太子吃。后来，他终于找机会灭了霍光全族，皇后也因此被废黜了。

他害怕别人加害于她生的孩子，专门立了一个没有孩子、老实巴交的妃子为皇后。可惜，这个太子后来只迷恋儒术，朽木不可雕，虽然他想重立太子，却又于心不忍。

这是汉宣帝刘病已和许平君的故事。汉宣帝的“故剑情深”，感动了世人两千年。

刘询（公元前 91 年—公元前 49 年）即汉宣帝，本名刘病已，字次卿，即位后改名询，西汉第十位皇帝。他是汉武帝刘彻的曾孙，幼年时流落民间，于公元前 74 年被朝臣迎立为帝，被誉为西汉王朝的“中兴之主”。

许平君（约公元前 90 年—公元前 71 年），昌邑（今山东金乡）人，汉宣帝刘询的第一位皇后，汉元帝刘奭的母亲，后遭霍光夫人鸩杀。

燕子飞来可是卿

对于真心相爱的人，不管对方人在哪里，

不管对方贫富贵贱，

甚至不管对方是生是死，

他们的灵魂都永远在一起，永远不会分离。

若能与她一夜衾欢，就是倾家荡产，也在所不惜。

彼时，她的艳名远播天下，目睹过她芳容的男人们，都拜倒在她的石榴裙下，都甘愿牡丹花下死，做鬼也风流。

可她，不管对富可敌国的公子，还是权倾天下的达贵，都不会青眼相加。愿得一心人，白首不分离。只是，风尘之中，怎能找到如此风清月白、真心相待之人？

他是一个军营中的小吏，爱慕她，崇拜她，积攒了许久的钱，方能见她一面。可他不行苟且之事，而是与她聊诗对文，对她的习作欣赏不已。

这才是灵魂相通的伴侣吧？她毫不犹豫，赎身青楼，和他结为夫妻。

她以为，从此便鸳鸯双戏蝶双飞了，不料，卿卿我我的生活只过了一年。次年夏天，他不幸失足，掉入水中，溺水而死。

她还那么年轻，依然貌美倾城，仍然令满城男子倾慕不已，许多人前来求婚，他家人也怜她年轻新寡，劝她改嫁。她却立誓不嫁，用以前积攒下来的钱孝敬公婆，为他们养老送终。公婆再三劝阻，她竟割下一只耳朵，以明心志，从此，没人敢再提此事。

屋檐下的两只燕子，出双入对，比翼双飞，她触景生情，黯然神伤。一日，一只燕子被鸷鸟所杀，只剩下一只，和她一样茕茕孑立，形单影孤。从此，他们同病相怜，惺惺相惜。秋天，她给燕子的脚上绑上红丝线，嘱咐它："来年再见君。"

果然，第二年春天，燕子真的飞了回来，和她相依相伴。她感动得写下一首诗：

昔时无偶去，今年还独归。
故人恩义重，不忍更双飞。

一晃八年，她终于忍受不了对他的思念，一病不起。等燕子再来时，她已经香消玉殒了。燕子飞到了她的坟前，不忍离去，最后，竟绝食而死。人们都说，燕子就是他死去而不肯离去的灵魂，他一直在陪伴她，不曾和她分开。

她叫姚玉京，他叫卫敬瑜。他们是所有爱侣中最普通的一对。

姚玉京（生卒年不详），南朝齐废帝时的著名妓女，与钱塘名妓苏小小齐名。

卫敬瑜（生卒年不详），南朝时小吏。

唯有寂寞沙洲冷

她曾那么真真切切地爱过，
心心念念地盼过，刻骨铭心地相思过。
虽然，她爱的那个人，并没有给她爱的回应。
可女人的爱情，
从来不需要回应，也不需要条件，
就能熊熊燃烧，至灰方安。

那时候，“苏东坡”是个令人痴狂的名字，男人崇拜他，女人爱慕他。

她是个待字闺中的窈窕淑女，品读了苏东坡许多文章，背得出他写的每一个诗句。她疯狂地崇拜着他，幻想他会成为自己的伴侣，和自己携手共度一生。

他到了惠州，她欣喜若狂，觉得一切都是天意，她离自己的梦想越来越近了。

她悄悄找到他住的地方，悄悄躲在他的窗下，听他在屋子里吟诗作对；她躲在竹丛中，深情地注视着他进进出出的身影。可当他有所察觉，前来观看的时候，她却含羞带怯地跑掉了。

很久之后，苏东坡知道了这一切。他怜惜这花骨朵一般的女孩儿，那时候，他已经60多岁了，而且，他有爱他胜过世间一切的朝云。他想让她有和她般配的归宿，于是，他四处物色，找到一位姓王的青年才俊，想要介绍给她，让她拥有真正的幸福和美满。

可忽然间，他被一贬再贬，到了江南，给她介绍夫婿的事情，就这样搁浅了。在海南，苏东坡过着窘迫而失意的生活，无暇再顾及其他了。

当苏东坡再次回到惠州，想起她的时候，迎接他的，不再是那个为了看他一眼，在夜里翻墙而过的腼腆姑娘了。因为忧郁，因为思念，她郁郁而终，被葬在沙洲之丘。

苏东坡来到她的坟前，扼腕叹息，心中充满自责和惋惜。他为她做了一首《卜算子》：

缺月挂疏桐，漏断人初静。谁见幽人独往来？缥缈孤鸿影。惊起却回头，有恨无人省。拣尽寒枝不肯栖，寂寞沙洲冷。

她有个小名儿，叫超超。虽然，我们永远也不知道她到底是谁了，可她离开的时候，应该是满足的吧？

苏轼（公元1036年—1101年），字子瞻，号“东坡居士”，眉州眉山（今四川眉山）人。北宋著名的书画家、文学家、词人、诗人，是豪放派词人代表。

今生生死皆为君

她的心，永远属于他。
她所有的喜怒哀乐，都是为了他。
这不是每个女人都能到达的境界。

每一个身负血海深仇的女子，都会爱上自己的救命恩人。韩宝英也不例外。

她的父亲是个私塾先生。她4岁时，就能吟诗作对，被称为女神童。后来，因为逃避战争，全家上下躲到了深山之中，没想到，韩宝英的父母却被土匪双双杀死。就在她准备自杀的时候，石达开如天将下凡般，带领着队伍出现了。

石达开帮韩宝英的父母报了仇，也收留了这个伶俐漂亮的丫头。

三年后，石达开仍然孑然一身。韩宝英深深爱上了这个剑气冲星斗、文光射日虹的铮铮男儿，她勇敢地向他表白，表示要侍奉他一生，可石达开却只将她当成自己的女儿，并让所有的将士们都叫她四姑娘。

韩宝英只好把炙热的爱情火焰深深埋藏在心里。闲暇时，她和他吟诗作对；行军时，她帮他起草文件。对于她的才华聪颖，他赞不绝口。

一次，他感冒发烧，她亲手熬药，亲自喂饭，整夜整夜地守在他的病榻前，彻夜未眠。

慢慢地，他似乎把她当成了自己的亲闺女，只要一天见不到她，就坐卧不安。而她，无论多忙，也乖巧地去给他请安。看上去，他们父女情深，享受着美好的天伦之乐。

她选了一个普通的书生做夫君，石达开问，他才华平平，并不出众，你为什么会忽略那么多优秀的男人，选中他呢？她嫣然一笑，并不回答。

石达开只好给韩宝英举办了热热闹闹的婚礼。她和夫君快快乐乐地生活在一起，还生了一个孩子，一家三口其乐融融。

那一年，石达开在大渡河腹背受敌，很快，伤亡惨重，四万多人只剩下了四千多人。石达开愤恨交加，欲拔剑自刎，韩宝英眼疾手快地抵挡了一下。石达开晕倒后，她将他拖到了大石头后面，然后走到了自己的夫君面前，说：干爹平时对我们那么好，现在，报答他的时候到了。

夫君含泪看着她和孩子，心中充满不舍。她忍痛抱过刚满周岁的孩子，狠心地摔死在石头上，说：你是个男人，能有点男人样吗？

她的夫君不再有牵挂，他穿上石达开的衣服，戴上帽子，看上去，跟石达开的容貌是那么相像。原来，她当初选择他，就料定有今日的此刻。

她的夫君假冒石达开投降了，不久之后被处以极刑。而她，带着受伤的石达开，偷偷地离开了。

有人说，他们终究还是没有走到一起。韩宝英治疗好石达开的伤患后，他们就各自遁入空门，再没有相见了。

不管怎样，韩宝英轰轰烈烈地爱过了。虽然，她一直是他名誉上的养女，可是她的心，却永远属于他。

石达开（公元 1831 年—1863 年），小名亚达，绰号石敢当，广西贵县（今广西贵港市）客家人，太平天国名将，近代中国著名的军事家、政治家、武学名家，初封“左军主将翼王”，是太平天国最富有史诗气质的人物。

韩宝英（公元 1845 年—？），世居湖南，父亲为私塾老先生，三四岁年纪，便会背诵上百首唐诗，被当地人称为“女神童”。

相思不见损朱颜

“众鸟高飞尽，孤云独去闲。
相看两不厌，只有敬亭山。”
人们吟诵着李白的诗句，
却不知道敬亭山上，发生过这样一段旷古奇缘，
不知道那个如闲云野鹤般的诗仙，
曾有过这样浪漫又痴情的爱情。

他绣口一吐，便是半个盛唐。他是五花马、万金裘都换了美酒的李白，他是天子呼来不上船的李白。

他遇到了玉真公主，惊为天人。虽然她比他大9岁，他还是写下了如此诗句：

玉真之仙人，时往太华峰。
清晨鸣天鼓，飙欻腾双龙。
弄电不辍手，行云本无踪。
几时入少室，王母应相逢。

她是皇帝同胞中最小的妹妹，一岁多就失去了母爱，可有唐玄宗宠爱着她，对她几乎百依百顺。她爱修道访名山，爱炼丹嗑药，皇帝就耗巨资，给她修了一个又一个雕梁画栋的道观，任她恣意妄为。

李白把玉真公主比作仙人，比作王母，比作至高无上的女神。可是，玉真公主喜欢的，是风流儒雅的王维。王维不仅俊朗临风，而且精通音律，有着花间弹曲、月下对歌的浪漫。就算李白写给玉真公主的诗，比王维更飘逸出尘，也敌不过王维的清晨画眉。

相思不可见，叹息损朱颜。李白是落寞的。他只好循着玉真公主的足迹，踏遍名山大川，留下了那些不朽的诗句。可对于一个爱着的人来说，他更愿意要的不是流芳千古，而是和心爱的人携手吧。

和玉真公主相遇 12 年后，玉真公主把李白推荐给了唐玄宗。李白终于入了翰林，终于有了“仰天大笑出门去，我辈岂是蓬蒿人”的豪迈，终于有御手调羹、贵妃捧砚、力士穿靴的荣耀，他被称为“谪仙人”，成了当时人人羡慕的安琪儿。

可李白还是想念着玉真公主，天长地远魂飞苦，梦魂不到关山难。长相思，摧心肝。他入骨入髓地想念着那个云游四海的公主，酩酊大醉时甚至会吟诗寄相思。

三年后，他被赐金放还，奉旨游山玩水，他终于可以去千山万水地追随玉真公主了。

可王维，仍然横亘在他们之间。

直到玉真公主已经美人迟暮，归隐山林，李白仍然追随她。玉真公主到了安徽的敬亭山，在那里修道养老，李白一次次地追寻而来，却见不到公主，只好黯然写下：

常夸云月好，邀我敬亭山。
五落洞庭叶，三江游未还。
相思不可见，叹息损朱颜。

后来，李白一直没有离开玉真公主居住的地方。直到玉真公主70岁的时候离开了人世，他仍然云游在敬亭山附近，直到后来在安徽当涂醉后溺水而亡。

不知道他在另一个世界，是否真的一亲芳泽，牵到了公主的手呢？

李白（公元701年—762年），字太白，号青莲居士，又号“谪仙人”，唐朝著名诗人，被称为“诗仙”，是我国最伟大的浪漫主义诗人，与杜甫合称为“李杜”。

玉真公主（公元692年—762年），李持盈，字玄玄，武则天的孙女、唐睿宗和窦德妃之女，唐玄宗、金仙公主同母妹。

一片芳心随水流

爱不是得到，爱不是占有，

爱就是你只想着那一个人，只爱着那一个人，

哪怕那个人根本不知道你爱他，

甚至不知道你的存在。

他出生的时候，奇香不绝室内，遍身金光闪闪，面容龙颜凤目，可他只是洛阳城中一个小小武官的儿子。他身怀绝技，力大无穷，凭着一根棍子打遍天下，也惹恼了丞相。于是，他只好躲进了一家道观里。

她是山西一家山野人家的女儿，只因容颜太美，被两个强盗掳来，藏在道观中。两个强盗都想占有她，可两人分不出胜负，暂时将她羁押于此，待想出妥善办法再议。偏偏他就听到了她的哭声。道长让他莫管闲事，他却看不惯这样欺负弱小女子的行为，一掌击碎了门锁，救她于水火之中。

得知她只有 16 岁，离家有 1500 里，他仗义地要送她回家。他

们金兰结义，踏上征程。在路上，他上马扶她跨马镫，下鞍搀她肩相偎；他斗恶人，杀煞神，竟然还驯服了一匹无人征服的麒麟马。她不禁芳心大动。他们历尽千难万险，终于回到她的家中。

她的父母也看出了眉目，眼见这男人英武异常，亦满心欢喜，主动提出要将女儿嫁于他为妻。可他的心中，藏着江山社稷，藏着重任万千，他莞然谢绝，她泪流满面。

这个男子，就是宋太祖赵匡胤；这个女子，名叫赵京娘。

赵匡胤走后，赵京娘发誓不会再爱任何人，也不会嫁给任何人。她的魂魄，已经追随赵匡胤而去，不管他是不是要她，是不是爱她，因为任何男人在她心里都比不过他。

后来，赵京娘抑郁而死。今宵一死谢公子，彼此清明天下知。而赵匡胤根本不知道还有这么一位痴情的姑娘，把他当成一生之中，最爱、最爱的那个人。

宋太祖赵匡胤（公元 927 年—976 年），涿州（今河北）人。他建立宋朝，结束了五代十国混乱的局面，统一了大半个中国。其在位期间，加强中央集权，提倡文人政治，开创了中国的文治盛世。

赵京娘（生卒年不详），山西人，赵匡胤的结拜妹妹。

千古痴心独一人

最深情的男人，不会在遇到阻挠时就轻易和你分开，

也不会在你不能生育时将你休掉，

更不会在杳无音讯多年后忽然写一些深情的字句来让你伤心。

他是皇家后裔、门庭显赫，和他来往的人，不是贵族，就是名士，陆游便是他最好的朋友之一。

陆游携唐婉和他在沈园游玩，那是他第一次见到唐婉，电光石火间，人间万物不复存在。从此，这个曼妙伶俐的女子，驻扎在他的心中。

提亲之人络绎不绝，其中不乏门当户对之人，倾城倾国之色，可是，在他眼中，只有她——唐婉。

3年后，因为陆游的母亲作梗，不能生育的唐婉被休，她心中自是悲痛欲绝。这边东风恶，欢情薄，赵士程那边却是东风送，香风迎。赵士程毫不犹豫，不顾众人异样的眼神，备上重金，隆重地

将她娶进家门，并为正室。要知道，那时候，一个被休的女人，只有一种结局，就是嫁作他人做小妾。可他，让她风风光光，像从未嫁过人的大姑娘一样，做了他唯一的妻子。他对她体贴入微，她却只是若即若离。他知道，她心里还想着陆游。陆游仕途坎坷，她求他帮忙，他立刻鼎力相助，毫无怨言。

他们在一起生活了十年。一次，在沈园游玩，他们遇见了陆游，顿时，唐婉泪水涟涟，无法自已。他悄悄地退到远处，给他们留下一个安静的空间。

那一次，陆游写下了那篇著名的词《钗头凤》：

红酥手，黄藤酒，满城春色宫墙柳。东风恶，欢情薄，一杯愁绪，几年离索。错！错！错！

春如旧，人空瘦，泪痕红悒鲛绡透。桃花落，闲池阁，山盟虽在，锦书难托。莫，莫，莫！

陆游的词是那样地深情。虽然十年过去，可陆游和她的爱依然穿越时空，在泪水中交错。他们的山盟仍在，春心如旧。就是这样的一首词，令唐婉悲痛难忍，心断肠碎。她从沈园回来后，就一病不起，不久之后便撒手人寰。

赵士程自唐婉死后，就再也没有婚娶过，凭他的条件，娶多少如花似玉的大姑娘，都易如反掌。可他对唐婉，曾经沧海难为水，除却巫山不是云。赵士程从此封闭了自己的心，为了排遣自己的难过，他来到了战场上，最后马革裹尸。

最深情的男人，不会在遇到阻挠时就轻易和你分开，也不会在

你不能生育时将你休掉，更不会在杳无音讯多年后忽然写一些深情的字句来让你伤心。最深情的男人，就像赵士程这样，无论你是什么出身，无论别人怎样评判，无论你经历过多少故事，他都心甘情愿地爱你，心疼你，呵护你，不谈得失，没有条件。

赵士程（生卒年不详），越州山阴（今浙江绍兴）人，南宋宗室。

唐婉（生卒年不详），陆游前妻，赵士程的妻子。

细把离肠和泪说

黯然销魂者，唯别而已矣。

分别之后，相思如海。

可等待一万年不算长，如果终于有爱作为补偿。

苦苦地等待，苦苦地盼望，苦苦地坚守，

终于，守得云开见月明，终于，别后再与君重逢。

如果今生还能再见，如果今生还能相爱，

那么，就算是等到白头，等到魂散，

等到海枯石烂，等到沧海桑田，也是值得的。

因为有你，一切都是值得的。

富贵贫穷皆忠贞

百里奚的一生，只有杜氏一个妻子，
无论贫穷还是富贵；
杜氏的一生，只有百里奚一个丈夫，
不管生活多么艰辛。
他们不说爱，
可他们的爱超越了千年，超过了万人。

百里奚，春秋时人。那时，他一贫如洗，入门依旧四壁空，是郁郁不得志的潦倒之辈。30多岁的时候，终于娶到了杜氏，生下一个儿子。此时，他已经是饱学之士，可空有屠龙技，根本无法施展。

杜氏鼓励百里奚说：好男儿志在四方，你终究应该出去闯荡，在家守着老婆孩子能有什么出息呢？

百里奚带着杜氏的嘱托离开了家，这一去就是30年。

他当过小官，做过陪嫁奴仆，为人养牛喂马，终于在70岁的时候，被秦王用5张羊皮换了过来，拜为秦相。

当了宰相的百里奚，已是无限风光，娇娥美女任他挑选，可他却心心念念，思念着杜氏。他派人回到老家寻找杜氏，得知杜氏和儿子因为当时生活贫困，实在无以为继，已经流落他乡讨饭去了。百里奚便差人四处寻找，可终无他们母子的踪迹。

杜氏颠沛流离了多年，此时正在秦国，替人洗衣为生。百里奚的儿子，也已经长大成人。她听说百里奚当了宰相后，顿时又惊又喜。只是，百里奚还会和她相认吗？他是一人之下、万人之上，风光无限的宰相，而她，已风烛残年，花容月貌尽失。

可她还是决定尝试一下。她进了相府做洗衣妇，把自己打扮成老年歌女，坐在堂下唱歌，每一句歌词都在诉说她和他的从前，诉说着自己的思念。

百里奚听到老年歌女叫出自己的名字，有些愕然，仔细一看，原来是自己日夜思念的妻子。他立刻跑到堂下，和妻子拥抱在一起，潸然泪下。都说，色衰而爱弛，可百里奚却是个例外中的例外。

百里奚（生卒年不详），亦称百里、宇里、百里子，名奚，原名孟明，世人称其为五羖大夫，春秋时楚国宛（今河南南阳）人，春秋秦国秦穆公时贤臣、政治家。他辅佐秦穆公称霸，为以后秦兼并六国，形成大一统的中华帝国奠定了基础。

杜氏（生卒年不详），春秋时楚国人，百里奚的结发之妻。

只愿吾心常相守

他的一生，并没有什么政绩，甚至差点失去国家，
可是，他却废除了嫔妃陪葬制度，
而这个决定，只因一个女人，
一个一生用生命爱他的钱皇后。

他7岁就做了皇帝。15岁时，娶了16岁的她。她做了他的皇后。

她出身并不富贵，他要给她的父亲兄弟加官晋爵，可她不同意，她说，我不能因为自家的私利，而毁坏了你的声誉。他更加宠爱她了。

可是，一场“土木之变”，他被俘了。

她把自己所有的珠宝细软都献了出来，希望他们能放了他。但是，他的弟弟取代了他的皇位。他作为人质，归来之日遥不可及。

她无能为力，只能夜夜哭泣，对天号啕祈求，祈求老天放自己的丈夫一条生路。她每日每夜地跪下求拜，困了，累了，就坐在原

地休息一会儿。整个冬天，她都跪在冰冷的地面上，没有上床休息过，她的一条腿残疾了，一只眼睛也失明了，可她依然固执地不肯停止下来。那一年，她只有23岁。

也许是她的虔诚感动了上天，他终于被放了回来。可是，新皇帝却把他打入了冷宫。她毫不犹豫地跟他搬进了冷宫，和宫女一起纺纱绣花，补贴家用。繁华如梦，她不留恋，她只要他回来，平安地和自己在一起。他真的很悲情，他的大臣背叛了他，弟弟囚禁了他，他从一个君临天下的皇帝变成了一个被禁锢的囚徒。但是，他还有她，永世相依不相离。

他30岁的时候，重新又当上了皇帝。

大臣们都说她不能再当皇后了，因为她没有子嗣，还是残疾。他却说，唯有她，只有她，永不更改，永不!

可惜，他37岁就离开了人间。在他之前，每一个皇帝死后，都规定嫔妃要陪葬。可他不愿意这样残忍地对她，于是他在临死之前，一遍遍地叮嘱皇太子，一定要让她活到天年。

就算如此，他仍然不放心，他对大臣说：待钱皇后千秋万岁后，和我葬在一起。并且让大臣把这句话写在了遗诏上。

明英宗，他的一生，并没有什么政绩，甚至差点失去国家，可是，他却废除了嫔妃陪葬制度，而这个决定，只因一个女人，那就是，一生用生命爱他的钱皇后。

明英宗朱祁镇（公元1427年—1464年），明朝第六位皇帝，明宣宗长子，9岁即位，后在土木堡之变中被劫持。明英宗两次登临大位，前后在位22年。他在位之际正是明朝从繁盛走向衰落的转折点。

钱皇后（公元1426年—1468年），明英宗的第一个皇后，谥“孝庄皇后”。

凌波一曲倾君心

如果你正享受幸福，请你离开我；

如果你正承受痛苦，你还有我。

这是所有痴情女人的心声，也是谢阿蛮的心声。

她淡白梨花面，轻盈杨柳腰。8岁时，她的父母双双去世，她流落街头，成了孤儿。

老鸨见她伶俐美艳，遂将她领回青楼，教她唱歌跳舞，没想到，她一点就通，嗓音宛若天籁，舞姿仿佛仙子。

一次，唐明皇梦见了凌波仙子，从而灵感大发，写了一首《凌波曲》。写成之后，他请人来表演舞蹈，可无论是公孙大娘，还是杨贵妃，虽然身段玲珑，优美典雅，可唐明皇总是摇头叹息。难道没有人能给这段曲子配上舞蹈吗？

高力士到处寻找能扮演凌波仙子的人，最后，终于找到了她。

那一天，在清元小殿，唐明皇打羯鼓，杨贵妃弹琵琶，凝望吹笛子，李龟年吹觱篥，马仙期击方响……所有演奏的，都是宫中奏乐水平最高的人。就在这美妙的音乐中，她如仙子一样翩然而至，柔若无骨的身段曼妙无比，飘飘若仙，令人惊叹，让人震惊。

凌波微步袜生尘，谁见当时窈窕身？唐明皇的眼神渐渐迷离，终于他宠幸了她，而从小身处青楼的她，那一夜竟然是她的初夜！她的娇羞和美丽，如同雨后荷花承恩露，让唐明皇忍不住对她又怜又爱，忍不住一次又一次地和她见面。只是，这一切很快被杨贵妃发现了，杨贵妃醋意大发，带了许多人跑到谢阿蛮的住处去捉奸，并指责唐明皇大白天不上朝，却来宠幸妃子云云。

可怜他们只有那短短的情缘，唐明皇害怕她受到迫害，只好忍痛让她离开皇宫，赐给她无数的金钱和正五品的官位，让她自己组建一个戏班子演出。

她伶俐柔美，风华绝代，无数的男人追捧她，追求她，想要一亲芳泽，可她再也没有跟任何男人亲近过，因为，在她的心目中，他是她唯一的男人。虽然，她几乎再也见不到他，得不到他的恩泽，可是，她的心灵和肉体，永远都属于他一个人。

后来，她带着自己的戏班子四处表演，跑到了很远的边陲，也许，这样能忘记他吧。可那刻骨铭心的想念和爱恋，怎么能轻易抹去？她遇到了李白，得知他已经不再是皇上的消息，她立刻辗转还乡，不远万里回到他的身边。她在一个古寺中见到被软禁的唐明皇，他已经不复往日的辉煌和光彩，她泪如雨下。从此，她陪着他，不要任何名分，不要任何光华，她只要陪着他。

唐明皇去世之后，她隐居在农村，直到死去。人们也不知道，这个风华绝代的女子，曾经刻骨铭心地爱过他们眼中遥不可及的皇帝。

他们也不知道，她就是谢阿蛮，她曾经像仙子一样，在唐明皇的生活和梦境中走过。

谢阿蛮（公元717年—757年），临潼人，盛唐第一舞伎、唐代著名宫廷舞蹈家，原为民间艺人，因为擅长《凌波舞》被招入宫廷。

唐明皇（公元685年—762年），即著名的唐玄宗，武则天的孙子，唐睿宗李旦第三子，在位44年（公元712年—756年），前30年为开元之治，是唐朝的空前盛世，是中国历史上最重要的时期，也是中国最强盛的时代之一。唐明皇不仅是杰出的政治家，而且还是著名的书法家，以及卓越的音乐家，被戏曲界称为梨园鼻祖。

半面镜子也相思

有多少人，能在大灾大难中，
还记得曾经和自己缠绵过的爱人，
还记得那些滚烫的誓言？
又有谁，会一年又一年地去寻找，
一定要找回往日今生，那唯一的爱？

他是皇帝陈叔宝身边的侍从官，皇帝看他忠厚老实，就将妹妹乐昌公主许配给他。公主风华绝代，腹诗气华，两人恩爱无比。

可皇帝却腐朽昏庸，陈国摇摇欲坠，风雨飘摇。江对面，听得到隋文帝兵马的嘶鸣。他预感到，这个国家必定会有灭顶之灾。

夜里，他辗转反侧，起身将一面铜镜掰成两半，一半交给妻子，一半自己留下。他流着泪对妻子说：“如果我们在战争中离散了，你一定要保存好这面镜子，每年正月十五那天，托人送到市场上叫卖。只要我还活着，就一定会找到你。”

果然，不久之后，隋文帝就发兵攻打了陈国的都城，他和公主在混乱中走失，失去了对方的音讯。从此江南江北，万里哀哭。

貌美如花的公主被奖赏给杨素做妾，一入侯门深如海，从此萧郎是路人。每当夜深人静的时候，公主就拿出那半面铜镜睹物思人，不知道他漂流何处，忍不住以泪洗面。长夜漫漫，红颜悴，相思碎。

他其实还活着，也没有忘记曾经的盟誓，他在一个又一个城市的集市上寻找属于她的那半面铜镜，一直从长江之南，找到了秦岭以北的长安城。可是，灯火星星，人生杳杳，歌不尽乱世烽火。那半面镜子，根本一时无法找到。

一日，他终于在集市上看到了那半面镜子，是一个鬓发苍苍的老奴在叫卖，因为价钱奇高，引来周围人的唏嘘和嘲弄。

他流泪将老奴请到酒家，将自己珍藏的另一半面镜子取出来，和公主的半面镜子合成一个完整的镜面，并在上面写下了一首诗：

镜与人俱去，镜归人不归。
无复嫦娥影，空留明月辉。

公主看到重圆的镜子和上面题写的诗句，忍不住心碎肠断，大放悲声，从此茶饭不思，烟花不剪，夜夜垂泪到天明。

杨素得知了这件事，被深深地感动了，放了公主，成全了他们的恩爱。

人人都知道破镜重圆的故事，却很少有人知道这个故事的主角，他有一个再普通不过的名字——徐德言，可是他却拥有不普通的爱。

徐德言（生卒年不详），南北朝江南著名才子，大诗人徐陵之孙，南朝后主陈叔宝的大妹妹乐昌公主的驸马。

乐昌公主（生卒年不详），名陈贞，南朝后主陈叔宝的大妹妹。

桃花依旧笑春风

我来世间一遭，
不为别的，只是为了在最美的年华中，
遇见你。

绛娘和崔护，就这样相遇，相恋，
看过了一眼，就是一生一世，
就是永远。

他出生于书香世家，在都城长安求学。

清明时节天晴好，他独自踏青，偶入一片桃花林，仿佛人间仙境。他只是想讨口水喝，却看到了如诗如画胜桃花的绛娘。绛娘与父亲隐居于此，清丽脱俗，在桃花灼灼中仿佛是桃花仙子一般。崔护忍不住想起了《诗经》中的篇章：桃之夭夭，灼灼其华；巧笑倩兮，美目盼兮。

他霎时失神，心旌荡漾，不能自持。只是苦于礼数，饮水之后，唯有告辞。自此，他对绛娘念念不忘，日思夜想，辗转反侧不能寐。

来年清明，他终于无法抑制思念，再次来到城南，探寻绛娘。可惜，柴门紧闭，无人应答。那个美丽飘逸的少女，就像仙女一样消失了。

崔护失望之至，在柴门上写下一首诗：

去年今日此门中，
人面桃花相映红。
人面不知何处去，
桃花依旧笑春风。

一段时间之后，崔护仍然失魂落魄，相思不止，再一次来到农庄寻找绛娘。可这一次的消息，却犹似晴天霹雳。因为，绛娘已经香魂归去！

原来，自从一年前得一见，绛娘对崔护一见知君即断肠。一年之中，绛娘朝思暮想，不知崔护所终，郁郁难安。几天前，她到亲戚家小住，回来时却看到崔护题在柴门上的诗句，顿时失悔不已，柔肠百结，刚刚含恨离去。

崔护心酸不已，来到绛娘身边，看到绛娘桃花一般的香腮依然光彩照人，可已香消玉殒，顿觉心碎不已，大哭着扑到绛娘身边，抱住佳人香躯，说：绛娘，你今儿死了，崔护也要随你而去，不愿偷生了。说罢，泪水横流，呜咽不止。

是谁说的，就算我已经踏上黄泉路，只要你叫一声我的名字，我仍然会拔腿回来。绛娘此时虽然已经气若游丝，可听到心爱的人的呼唤，却悠悠地呼出一口气，醒转过来，柔情地说：公子，你终于来了。

有情人终成眷属。多情的绛娘终于嫁给了崔护。她不仅容颜秀美，而且性格温婉，知书达理，俨然大户人家的女儿。她侍奉长辈，操持家务，上得厅堂，入得厨房，还为崔护夜读书红袖添香。崔护有如神助，不久在科举中中了进士，踏进仕途。他和绛娘一生厮守，过着幸福恬静的生活。

崔护（？—公元 831 年），字殷功，唐代博陵（今河北定州市）人。公元 796 年（唐贞元十二年），他进士，与元稹、白居易同登科。公元 829 年（大和三年）他为京兆尹，同年为御史大夫、岭南节度使。《全唐诗》收录其诗作 6 首。

今生痴爱章台柳

有多少男人和女人，都像韩翃和柳氏，
不管双方有过多少经历，无论彼此有过多少故事，
仍然跋山涉水，不断地向对方走去，重新在一起，
就像永远都是彼此的初恋一样。

春城无处不飞花，寒食东风御柳斜。
日暮汉宫传蜡烛，轻烟散入五侯家。

一首《寒食》，使韩翃声名鹊起，成为“大历十大才子”之一，连皇帝唐德宗也非常赏识他。而且他俊秀飘逸，是翩翩少年公子，轻裘肥马，吸引着无数怀春少女的明眸青睐。

李生的一场酒宴，让韩翃和柳氏相遇。在对的时候，遇到对的人，是一场圆满。柳氏是李生家的歌姬，艳绝一时，丝竹歌舞，无一不精，而且，她谈吐高雅而有趣。推杯换盏之间，柳氏看中了韩翃。而李生则豪迈义气，成人之美，将柳氏送给了韩翃，还赐金作

为嫁妆。

美人配名士，惺惺惜惺惺。韩翃和柳氏如漆似胶，两情相悦。来年，他又春风得意马蹄疾，新科及第，被派往青州做官。两人缠绵悱恻，难分难舍。韩翃和柳氏商定，一年后回来接她。

可朝思暮忆都成空，檀郎一去无影踪，3年都没有回来。只因长安战乱，烽火四起，韩翃也是身不由己。可怜纤纤弱女子柳氏，只好躲入城郊的法灵寺中，剃去青丝，暂避灾祸，边望眼欲穿，等待夫君来拯救自己。

终于，安史之乱结束了。韩翃托人寻访柳氏，却又是那样纠结，他怕她早已按捺不住寂寞，怕她在烽火连天中寻找安全，早已投入他人怀抱。于是，他托人带去一包碎金，和一首诗：

章台柳，章台柳，昔日青青今在否？
纵使长条似旧垂，也应攀折他人手。

一首《章台柳》，让柳氏泪如雨下。她知道他在担心自己的安危，但也害怕她已被人掠为己有。她静静地等待着和他相逢的那一天，她想，他们相见的那一瞬间，他一定会看出她的等待，她的煎熬。她日日夜夜朝思暮想的男人，都是他。可是不久之后，她就被潘将沙陀利掠走了。

他到京师觐见圣上，一阵多事的春风吹起了帘子。他看见日夜思念不能寐的那张脸，在对面的轿子上，依然盛开如花。她也看见了他，她扔下一个小金盒，里面写了一首回他的诗，“杨柳枝，芳非节，所恨年年赠离别。一叶随风忽报秋，纵使君来岂堪折！”她已经不是以前的那个她了，她已经被贼人玷污了，他还会要她吗？她的内心那样狠狠地痛，狠狠地恨，狠狠地责备自己，狠狠地流泪。她对他，没有一丝怨言。

辗转，他终于将此事奏明了唐肃宗，柳氏得以回到他的身边。他和她彼此都失而复得，仿佛从来就没有分开过。

韩翃（生卒年不详），字君平，南阳（今河南南阳）人，唐代诗人，“大历十才子”之一。他家境贫寒，天宝十三年（公元754年）中进士。

柳氏（生卒年不详），韩翃宠姬。

头白鸳鸯失伴飞

有些男人，他们并不优秀，
并不出众，更没有建立什么丰功伟业，
可他们却把一生唯一的情感，
给了生命中唯一的女人。
也许每个女人的一生，
都在渴盼这样一个男人的出现，
而且，有此足矣。

贺铸是赵匡胤原配贺皇后的族孙，是唐代著名诗人贺知章的后人，而他的妻子，是皇族赵氏一门的姑娘。只是，祖先的那些风光，和他们并没有什么关系了。

贺铸 17 岁参军，到 20 岁，才当上一个看管兵器库的小官。因为他长相丑陋，所以被人叫作“贺鬼头”。

他没有多少钱，可赵氏却深深爱着他，对他体贴入微。他性格太过正直，得罪了许多达官贵人，于是就一直做着很小的官，四处奔波。而她从来没有怨言，永远一副贤淑的模样。每年还在夏天的时候，她就开始给他补冬天的衣服，害怕他到了冬天要四处奔波，来不及准备。

贺铸常常到边关去巡查，有时还要去征兵，他只要一到远方，就开始思念家乡的妻子。他们总是聚少离多，一直到他40多岁的时候，他们夫妻还分居两地。

贺铸47岁的时候，他的母亲去世，他来到苏州守孝，于是接来了妻子。那一段时光，是他们最美好、最温情的岁月。依依暮雨鸳鸯梦，袅袅春风豆蔻梢。他们守着江南浩淼的石湖，吴越山水的灵气，恩恩爱爱，比翼双飞。只是两年后，赵氏忽然得了重病去世。

贺铸泪流千行，扼腕叹息。这一年，他49岁。

后来，他因公职回到京城，在返回苏州的西门时，忽然想起以前和赵氏的甜蜜时光，不禁悲从中来，写下了一首深情的《半死桐》：

重过阊门万事非，同来何事不同归？梧桐半死清霜后，头白鸳鸯失伴飞。原上草，露初晞。旧栖新垅两依依。空床卧听南窗雨，谁复挑灯夜补衣！

“重过阊门的时候，我才知道一切都物是人非了！我们一起来的，为什么不能一起走？清霜之后，梧桐已经半死了，我的头发都白了，只剩下一个人茕茕孑立。原上的草枯了可以重生，露水干了明天早上还有，可我只看见我们的旧房子和你的新坟。空荡荡的床

上还有你的体温，听着那窗外的雨声，我知道再也没有谁在夜晚点着灯给我补衣服了……”一个孤独、伤心的男子，似乎在我们面前掩面哭泣，悼念他那温柔的妻子。头已白，床半空，心破碎！

从此，贺铸独自一个人走过了后半生，他 73 岁的时候，在苏州的一个僧舍中离世。他一定能在九泉之下，见到他那日夜思念的妻子了吧。

贺铸（公元 1052 年—1125 年），北宋词人，字方回，自号庆湖遗老，山阴（今浙江绍兴）人，长相奇丑，身高七尺，面色铁青，人称“贺鬼头”。

人间最真是结发

不是每个恋爱中的女人，都有破釜沉舟的勇气；
不是每个女人，都能耐得住半生的寂寞，
用如花的容颜换来后半生的甜蜜；
不是所有的女人都会像董氏，
无怨无悔，等待着一个不知归期的男人。

山无棱，江水为竭，冬雷震震，夏雨雪，天地合，乃敢与君绝。这不是传说，这是真的。

她是贾直言的妻子——董氏。

贾直言和父亲都是唐德宗时候的大臣。

有一年，贾直言的父亲一不小心泄露了唐德宗的隐私。于是，皇帝赐给他一壶毒酒，让他以死谢罪。

大堂之上，贾直言站了出来，说：让我来亲自给父亲喝毒酒吧！

众人都以为贾直言是为了向皇帝表达自己的忠心，谁料到，贾

直言却拿起酒壶，全部灌进了自己的口中。

顿时，众人大惊。

贾直言说，我怎么能眼睁睁看着自己的父亲死呢！皇上，父亲的毒酒已经被喝掉了，请免他死罪吧。

贾直言并没有被毒死。皇帝慈心大发，只是将他们流放到岭南。

贾直言回到家中，向美貌年轻的新婚妻子董氏告别。他说，你还这么年轻，这么美貌，应该有更好的生活，一定会嫁个更好的人家，找个比我更好的人。

他刚说完，董氏就泪流满面。她果断地扎起自己的头发，用布包了起来，又让贾直言贴上了一张封条，说：我嫁给你，就是你的妻子，这一辈子都是！如果你不回来，我永远都不会解开头发！死亦如此！

贾直言只好和父亲离开家乡，去了岭南。他想，这个年轻漂亮的女人，现在因为和他新婚燕尔，所以依依难舍，过一段时间后，大家天各一方，就会慢慢淡忘的。

20年后，贾直言回到家中，妻子董氏泪眼凄迷地扑了过来，昔日美丽的容颜已经有了丝丝皱纹，可她的头发，依然是他走时的模样！

那些头发已经纠结在一起，无法梳理清楚了。贾直言取来清油，倒在妻子的头发上，可是瞬间，所有的青丝全掉了。贾直言禁不住大放悲声，他紧紧地抱住董氏，发誓永远也不会跟她再分离。

后来，贾直言做了朝廷的谏议大夫，他和她苦尽甘来，生活幸福、甜蜜、美满。

董氏有了一个美丽的名字——结发之妻，并随着这个美丽的名字，永远地在史册上闪光。

贾直言（生卒年不详），唐代传奇个性名臣，后来升任谏议大夫。

董氏（生卒年不详），贾直言妻子。

此生奴定不负君

女人的爱，就像深深的海洋。
表面风平浪静，
却承受得住所有的不幸、所有的苦难、所有的风波。
就算全世界都抛弃你，
她依然只爱你，依然坚定地站在你身旁。
有时，她可能诱惑了你，但最终，她会成就你。

他是常州刺史的独生子，鬓若刀裁，眉如墨画，不到二十，就在常州的科举初试中夺取第一名，取得入京参加礼部会试的资格。他的父亲因为他，而非常自得。

天宝七年，他快车飞马，来到长安参加考试。这里是温柔富贵乡，缱绻缠绵地。偶尔的一次出行，他遇到了她。

她是一个家道中落的千金，被迫进入娼门。那一天，是老鸨逼她笑迎宾客的日子。一眼望去，她是那样端庄、娴雅，手执绢扇，含羞带怯，根本不像那些倚门卖笑的风尘女子。他怜惜不已，遂与她攀谈。没想到，年仅15岁的她，却字字珠玑，腹有诗书，两人相见恨晚。

他拿足了银两，和她共度良宵。她柔情似水，他甜蜜多情。两人枕边发尽千般愿，他永不变心，她此生绝不相负。真是鸳鸯双戏蝶双飞，才子佳人令人醉。沉醉在万般温存中的他，早将考试忘到了九霄云外。

一年后，鸨母眼看着他身无分文，不便赶他走，便趁他外出，强行带走了她。他回来之后，早已人去楼空。他无处可去，求遍长安亲朋，可雪中送炭君子少，谁会理一个几乎要沿门乞讨的可怜虫？

无奈之中，他只好找了一份凶肆歌者的差使，每天为死者写讣告、唱挽歌、送葬，浑浑噩噩地勉强度日。

他的父亲在榜文中没有看到儿子的名字，又听到一些传闻，便亲自来到京城寻找他。孰料，父亲却看到他披麻戴孝，在送葬队伍中唱着哀伤的挽歌，神情凄恻，一怒之下，将他从队伍中揪了出来，将他打得遍体鳞伤，并断绝了父子关系，怒目而去。

他浑身是伤，奄奄一息地倒在街旁。很快，他身上的伤口长满蛆虫，浑身臭不可闻，路人掩鼻而过。夏去秋来，天气渐冷，他衣衫单薄，瑟瑟发抖地倚靠在路边，靠好心人施舍维系着生命。

鸨母看管了她一段时间，见他没再寻来，于是渐渐放松了警惕。她到处找他，终于在一处路边发现了蓬发凌乱、衣不遮体、哀哀乞讨的他。顿时，她扑上前去，不顾一切地抱住又脏又臭的他，心疼得大放悲声。

她把所有的钱都交给鸨母，为自己赎了身，又变卖了首饰，在城边租下一间小屋。她每日织布维系生活，精心照料他，让他安心读书。

天宝十年，他终于考中进士，并中了直言极谏科第一，被封授职为成都府参军。

他终于功成名就，她决心隐身而退。因为，她觉得自己出身风尘，唯恐羞辱了他的地位，于是对他说道："妾身卑贱，不足以事君子，请从此去，君当自爱！"

而他紧紧拥抱着她，含泪说道："我贫贱时，卿不弃我；今我富贵，卿为何忍心离我而去？如果你不能和我在一起，我愿意立刻自刎，报答你对我的恩情！"

他不离不弃，带她来到成都。谁料他的父亲，也刚刚调任做成都府尹。他对父亲当年的教诲虽能理解，但对那顿毒打却心有戚戚。而父亲看到儿子，亦感羞愧难当。她出面调停，让父子俩冰释前嫌。他的父亲听说了她的义举，对她称赞不已，郑重媒妁之言，大礼相聘。她正式成了他的妻子。

安史之乱中，父子俩因护卫得宜，获得唐玄宗加官晋爵奖赏，

而她，也因为妇德可风，被封为“汧国夫人”。

女人的爱，就像深深的海洋。表面风平浪静，但却承受得住所有的不幸、所有的苦难、所有的风波。就算全世界都抛弃你，她依然只爱你，依然坚定地站在你身旁。有时，她可能诱惑了你，但最终，她会成就你。

就像她——李亚仙，她还有个名字叫李娃。可是，郑元和从来没有叫过“李娃”这个名字，因为“李亚仙”是她做大家闺秀时候的名字，她在他的眼里，从来都不是娼妓。

李亚仙（生卒年不详），天宝年间京城名妓，后嫁与郑元和，因贤淑良德，被封为“汧国夫人”。

郑元和（生卒年不详），唐天宝年间进士，祖籍荥阳，随父郑仁仰任常州刺史，迁居毗陵（无锡）三皇街。

两地相思入梦频

一个女人在这人世间来一遭，最重要的事情，
不是姓氏，不是身份，
而是有没有一个男人刻骨铭心地爱过自己，
把自己当成他生命里的唯一。

王维和她青梅竹马，她是他的表妹。

王维懂得音律，写诗画画，无所不能。在家乡山西，他的许多作品就已经四处传唱。

他到长安城里去赶考，和岐王成了好朋友。岐王带着他去妹妹玉真公主那里参加宴会。席上，清秀俊逸的王维弹了一首琵琶曲，震惊四座，玉真公主被这个风姿绰约、多才多艺的男子吸引了。

第二年，王维中了状元，年仅 21 岁。年轻、潇洒、俊逸、多才，这一切的一切都预示着，他必定要和一个公主婚配。

玉真公主，也频频放出多情之箭。

在王维面前的，是繁花似锦的康庄大道。可他却拒绝了，因为

他和她有着誓言，有着盟约，他要娶的，是她——表妹。

金枝玉叶岂肯遭受这样的羞辱呢？恰好这时，他私自让伶人舞狮子，这个节目是只有皇帝才可以看的，于是，公主借口将他贬官，让他到了山东济宁。这里，离皇城千山万水，他想实现自己的理想，根本不可能。

公主想让他求饶，也放话出去想让他回来，只要他愿意和自己在一起，那么一定能飞黄腾达，平步青云。可他选择了她，他风风光光地迎娶了她，让她做了世界上最幸福的女人。

他的仕途，从此一片灰暗。但他有她，这就足够了。

她一直陪伴了他 10 年，他们一起弹琴，一起作画，一起笑看日出日落。也许是这样的幸福日子太多了，她享受完了一生的幸福，就撒手而去了，没能留一个孩子陪伴他。

他悲痛欲绝，可天人两隔，他只有涕泪而下。

公主仍然频频伸出橄榄枝，只是，他的心已经随她而去了。他来到了长安城外的蓝田辋川，皈依了佛门，成了一个虔诚的信徒，一心吃斋念佛。那一年，他只有 31 岁。

直到他 60 岁，离开人世，他的生命里，再也没有第二个女人的影子。

王维（公元 701 年—761 年），字摩诘，盛唐时期的著名诗人、画家，人称诗佛。他是开元年间状元，官至尚书右丞，蒲州（今山西永济）人，唐代山水田园派的代表人物。苏东坡赞其“诗中有画，画中有诗”，与孟浩然合称“王孟”，著有《王右丞集》，存诗 400 首。

与君千山万水阔

有多么深刻的爱，才能为对方悲痛而死，生死追随？

她是身世凄惨的女孩儿，跟着父亲沿街卖唱、乞讨。虽然生活贫困，但她的歌声却凄美、婉转，模样甜美。

那一年，金吾将军韦青已经50岁了。他因为擅长音律，被奉为将军。他在街边发现了身世堪怜又才华横溢的她，把她带回家中，抚养长大。偶然，韦青将军发现，她竟可以用红豆记下歌谱，且听后不忘。韦青将军激动万分，以为自己的挚爱许合子魂魄归来，从此，将自己在乐曲方面所有的修行都教给了她。

一次，一位喜欢阿谀奉承的梨园子弟来到了韦青将军府，拿着一支献给皇上的曲子让韦青欣赏，韦青心里厌恶此人，便让她躲在屏风后面偷听，等梨园子弟表演完后，便说，这又不是什么新曲儿，我家婢妾早都会了。于是，她款款而出，娓娓唱来，还顺便改了其中的不足。梨园子弟惊讶不已，问她是从哪里听来的。她不忍心捉弄梨园子弟，就摊开双手，让他看手中的红豆。梨园子弟惊为天人，立刻将这件事情报告给了皇上，皇上将她传入宫中，封为才人，不久，又封为记曲娘子。

这真是东风恶，欢情薄！韦青失去了心爱的她，顿时感觉五脏六腑俱已碎，一夜之间，他老了 10 岁。

而她一入后宫深似海，音尘笑容两相绝，她悲痛、难过、撕心裂肺，却又无可奈何。

不久，他因为痛悔、伤心与思念，离开了人世。

年年花落无人见，空逐春泉出御沟。皇上对她感到新鲜了一阵子，可不久便将她如同穿旧的衣服一样冷落一旁了。她在宫中，日夜思念着韦青，到处托人打探他的消息，可她等来的，却是他已离开人世的噩耗。

她不禁悲痛欲绝，泪如泉涌，说："我只是一个沿街卖唱乞讨的歌女，韦大人将我带回家中，我才有了今天，我的父亲才老有所养。我怎么能忘记韦大人的恩德呢？"说完，她口喷鲜血，倒地而死。

韦青（生卒年不详），唐代著名歌唱家、声乐教育家，本是读书人，因为歌唱得好，很受唐玄宗的喜爱，后来，官至金吾大将军。

张红红（生卒年不详），中唐时著名歌唱家，金吾将军韦青侍妾，后被代宗纳为歌姬，宫中号"记曲娘子"。

图书在版编目（CIP）数据

只爱一个人／巨英著．－武汉：武汉大学出版社，2013.4（2019.9重印）

ISBN 978-7-307-10452-5

Ⅰ．只…　Ⅱ．巨…　Ⅲ．恋爱—通俗读物

Ⅳ．C913.1-49

中国版本图书馆 CIP 数据核字（2013）第 022524 号

责任编辑：陈　岱　　责任校对：王　燕　　版式设计：吕　伟

出版：**武汉大学出版社**　（430072　武昌　珞珈山）

发行：**武汉大学出版社北京图书策划中心**

印刷：天津兴湘印务有限公司

开本：880×1230　1/16　印张：16.5　字数：160 千字

版次：2019 年 9 月第 1 版第 2 次印刷

ISBN 978-7-307-10452-5/C·342　定价：45.00 元
